世界のビジネスエリートの常識

人生を変える筋トレ

谷本道哉
Michiya Tanimoto

SOGO HOREI PUBLISHING CO., LTD

はじめに 「あと5秒しかできません!」筋トレの前向きマインドが仕事にも役立つ

生き方をナッジする筋トレ実践のマインド

ナッジ(nudge)という言葉を聞かれたことがあるでしょうか? 「そっと後押しする」という意味の英単語ですが、行動経済学では「人々を自発的に望ましい行動へと促す手法」を示す用語として用いられます。

例えば、「世界一のサッカー選手は、メッシorロナウド」と書かれた二つの吸い殻入れを設置するとタバコのポイ捨てが減る、といった手法がナッジです。どちらかの吸い殻入れにタバコを捨てて投票してもらうことで、ポイ捨てを減らすわけです。なかなか面白い誘導の仕方ですよね。

環境省がこのナッジの考えに基づいて、日本版ナッジ・ユニット「BEST」という組織を立ち上げて、省エネや健康増進など社会の課題解決のための行動変容を促す取り組みをしています。先日、その環境省の担当者から依頼があり、私が監修をしたＮＨＫ『みんなで筋肉体操』での声がけについて、ナッジ・ユニット連絡会議で紹介させていただきました。「『あと5秒しかできません』などの番組中の声がけにナッジの要素がある」というのがその理由だそうです。

私はナッジという言葉を知らなかったのですが、確かに番組中での声がけには、行動変容というか「筋トレに対する意識の持ち方」に訴えかけている部分はあります。そして、そのトレーニング実践のマインドは、仕事やプライベートでの取り組み、生き方にも波及するものでもあると思います。教育学としての体育のような考えでしょうか。古くからの体育会系にあるような非合理的な根性論や、軍隊的な礼儀ではありません。効率よく充実した行動実践を促す、「前向き」な考え方です。

以下に『みんなで筋肉体操』での代表的な声がけのセリフとその意図、また筋トレ以外にも通じる「物事に取り組む姿勢」について紹介します。

「あと5秒しかできません」「あと2回しかできません」

頑張って目一杯で取り組める〝ありがたい〟貴重な時間は有限です。「あと5秒で終われる」ではなく、そのありがたい時間はあと5秒しか残っていないんです。仕事も「あと1時間しかできない」と思って取り組めば、能率が上がります。やる気も出るのではないかと思います。

「キツくても辛くない」「キツくても楽しい」

「キツイ」と「辛い」は似ているようでまったく違う言葉です。楽しく厳しくが理想です。逆に、厳しくもないのに辛く苦痛なことは最悪です。労力はそれほどでもないのに、苦痛な仕事ってありますよね？　速やかに改めるべきだと思います。

「『きゅーと』上げて、『あー』と下ろす」

声を出すことで動きを誘導できます。「ピシー」と言えば、自然と背すじが伸びますよね。「言霊」という言葉があるように、言葉を発することには人の振舞いに影響を与える力があると思います。音の響きも大事です。オノマトペ（擬声語）ですね。「さあ、行こう！」といった言葉や、「シャー」といった音を声に出すだけで、行動や心持ちが変わりますよ。

「筋肉は裏切らない」

効果があまり上がらない方法、怪我のリスクの高い方法では筋肉は「裏切ります」。ただ闇雲に努力すれば報われるわけではありません。努力しても徒労に終わることはいくらでもあります。努力した分だけ効果の上がる、能率のよいやり方で取り組むことが大事です。

「胸がつくまで下さないのは、腕立て伏せかけですよ」

「伏せ」とは胸がついた状態ですよね？　胸が床につくまで下して初めて腕立て伏せになります。自分ではやっているつもりでも、できていないことってけっこうあります。思い当たることはありませんか？

「ペース配分はしないでください」

人生ではペース配分を上手にしたほうがうまく行くこともあるでしょう。でも、15秒や30秒の筋トレでのペース配分は甘えでしかありません。一気に全力でやり切るべきときには、ペース配分をしていてはいけません。

「やり切る、出し切る、全部出す！」

やり切らない、出し切らないまま終わるほうが逆にストレスではありませんか？

私なら耐えられません。筋トレを真剣にやっている人が、あと1回上がるのに、そこでバーベルを取り上げられたら、めちゃくちゃに怒ります。そのような感覚を仕事やプライベートでも持ちたいですよね。

「あと1回！」

「これで終わり！」と思ったところからの最後の1回。これができるかどうかで差が出ます。「詰めが甘い」と言われたことはありませんか？　冬山で遭難された方が亡くなるのは山小屋の手前、というケースが多いそうです。意外に思えるかもしれませんが、人間の脳は達成の目途がついたところで安心して気を抜いてしまう。そのような思考回路があるといいます。「詰めが甘い」という言葉は、そういう脳の性質から、実際に最後に詰め切れないことが多いからあるのかもしれません。

以上、いくつか例を挙げましたが、筋トレに向かうマインドは、「前向きで厳しく、でも自発的で楽しい」ものです。本書でこの前向きマインドを身につけて、仕事、プライベートの充実につなげていただければと思います。

目次

はじめに 3

第1章

体型デザインの必要性

筋肉は裏切らない？　いいえ、裏切ることもありますよ 14
筋トレしている人たちの多くは、自分をストイックだとは思っていない 18
カッコいい体になることは、人生の充実や健康管理にもつながる 21
体幹トレーニングだけではカッコいい体になれない 28
コラム1 「YES／NO枕」から始めてみる 36

第2章

男が40代でメタボになる理由

過去の栄光にすがったところで 40
メタボは痛くもかゆくもない。でも、明日死んでしまうかもしれない 45
ハイボールは飲んでも太らない!? すがった挙句のビール腹 50
コンビニの意識変革。あなたが意識を変えないでどうする! 58
コラム2 最初から全力で追い込まない 61

第3章

体型をデザインする前に

筋肉をつけてメリハリのある体、太りにくい体に 64

第4章

体を快適にする筋トレとストレッチ

筋肉は30代から減り、疾患や死亡のリスクを高める 69
キツくても辛くない、キツくても楽しい。筋トレはセックスよりも気持ちいい 72
筋トレは短時間集中で行う 77
仕事も筋トレも楽しみながら 80
質の低い100回よりも、質の高い10回を行おう 83
まずは快適に動ける体に。朝の1分体幹コア体操 86
コラム3 「腹筋は高回数で」は都市伝説 90
コラム4 関節は消耗品。負担を軽減する工夫を 93
「明日やろう」の「明日」はこない 96
移動時間・着替え時間ゼロ。家トレは最強の時短トレ 99

フォームを守ったうえでオールアウトまで追い込む　102
「キュー」と「ピシー」、言葉の力を借りて鍛える　115
具体的な進め方、メニューの組み方について　124
いつでもどこでもできる「すきまトレ」「ながらトレ」　129
「よいしょ！」を有効に使おう！　道路や階段もジムになる　139
休日は公園に出かけてみよう　146
体幹コア体操実践編　151
コラム5　蔑むほうが恥ずかしい？　街中筋トレ　161

第5章　筋トレと食事

食べたものでできている我々の体　164
食事の三大栄養素の基本は高タンパク・中糖質・良脂質　166

ゆっくり味わって食べる 178
欲しくないなら食べない 182
外食は肥満の元ではない 185
無理なく実践！ 食事を守る 187
コラム6 ラーメンの唯一の欠点 190
コラム7 ゼロカロリーを上手に使う 193
おわりに 194

編集協力 藤本かずまさ（株式会社プッシュアップ）
ブックデザイン 小口翔平＋岩永香穂（tobufune）
イラスト 横山英史（Hideshi Yokoyama）
校正 矢島規男
図表・ＤＴＰ 横内俊彦

第1章

体型デザインの必要性

筋肉は裏切らない？
いいえ、
裏切ることも
ありますよ

「筋肉は裏切らない」。

2018年の流行語大賞にノミネートされた言葉です。『みんなで筋肉体操』（NHK）のセリフは基本的にすべて私が考えていますが、実はこの一言だけは担当ディレクターさんの発案です。正直なところ、「責任の重い言葉を押し付けられた」と感じました。

なぜなら、筋肉が裏切らないかどうかはやり方次第。必死に筋トレに励んだとしても、やり方がまずければ筋肉が裏切ることはあるからです。

もちろん、効果の高い安全な方法で筋トレを行えば、裏切られることはありません。**筋肉はこちらのアプローチに必ず応じてくれます。**

しかし、**不適当な鍛え方をしている間は、いくら頑張ったとしても、大した成果は上げられません。**頑張ったわりには筋肉がつかないわけです。関節への負担ばかりが増えて、ケガのリスクが高まってしまうこともあります。「筋肉は裏切らない」とは、効果が高く、かつ安全な方法を提案してこそ、初めて口にできる言葉なのです。

不適当なことをやっているうちは、よい結果は導き出せない。ちょっと話が変わりますが、人間関係・男女関係にも同じことが言えると思います。「異性は裏切るけど、筋肉は裏切らない」。これはアーノルド・シュワルツェネッガーの名言の一つとされるセリフですが、私は絶対に違うと思います。どちらもこちらのしたことに素直に反応してくれるものだからです。

相手のせいにしてはいけません。自分の行いの反応として、「フラれる」という結果が出たのです。自分はこれだけのことをやってあげたのに、裏切られた？　自分は悪くない、相手が悪いんだ？　違います。フラれたのは、自分のせいなんです。

筋トレを真剣にやっているわりに筋肉が発達しないことがあります。それは、自分は頑張っているつもりでも、筋肉にとっては適切な刺激になっていないからです。人間関係でも同じです。**自分では「こんなにやったのに」と思っていても、相手にとっては「やったこと」になっていないのです**。やったことの的が外れていることもあるでしょう。

筋トレは自分自身と向き合う作業でもあります。筋トレを頑張って結果を出せる人は、きっと相手の反応を人のせいにしません。筋トレで筋肉の反応ときちんと向き合える人は、相手の気持ちとも素直に向き合えるカッコいい人であるはずです。**筋トレで自分と向き合えるからこそ、相手とも素直に向き合える、人間としてモテるマッチョになっていただきたい**と思います。

ＭＭＫ（モテてモテて困っちゃう）なマッチョですね。そういう私もＭＭＫマッチョになれているわけではありませんが、そうありたいと思っています。

なお、筋トレは個人で行うものなので、ともすれば独善的な思考に陥ってしまうことがあります。筋トレで頑張ったらこんなに筋肉がついて体が変わった。同じように、人間関係でも自分の行いに対する見返りを、あって当然のように求めてしまう。

そして、求めている反応以外は認めたくない。うまくいかないと相手のせいにしてしまう。そうならないように気をつけなければいけませんね。ＫＫＭ（嫌われているのに気づかないマッチョ）では困ります。

筋トレしている人たちの多くは、自分をストイックだとは思っていない

「デブは社会では信用されない」とまでは言いませんが、社会のなかでキャリアを積んである程度の年齢になってくると、**やはり、シュッとしたスタイルのいい人のほうが相手に好印象を与えるということはあります。**筋トレや食事で体型を保ち、自己管理ができているというのはすばらしいことだと思います。

そこで必ず出てくるのが、「ストイック」という言葉。ストイックに筋トレに取り組み、食事も節制して食べたいものを我慢している。そういったイメージを持たれがちです。

しかし、**実際には筋トレをしている人たちの大多数は、自分がストイックなことをやっているという自覚はありません。**なかには、不良ぶる中学生のようにストイックさに酔っている人がいるかもしれませんが、少数派です。

よく言われる話ですが、日常的に筋トレを行っている人にとっては、筋トレもコントロールされた食事も、それは歯磨きみたいなものです。「今日はストイックに歯を磨いたぞ！」なんて思いますか？　歯を磨かないほうが気持ち悪いですよね。

体づくりも一緒です。**筋トレによる体型の改善が習慣になると、怠惰《たいだ》な生活を送**

るほうが苦痛になります。筋トレを何日もやらない、甘いものを必要以上に食べる、お酒をたくさん飲む、そういったことのほうが苦痛になるのです。

だから、世のなかのカッコいい体をしている人たちは、我慢や辛い思いなどは特にはしていません。それよりも、だらしのない体になる習慣のほうが辛いのです。

筋トレが習慣化できていけば、そのような感覚になれるはずです。ストイックに我慢などしなくても、自然に意識高い系の行動ができるようになるでしょう。そして意識低い系（というのも失礼ですが）の自堕落な生活が苦痛でできなくなるのです。

カッコいい体になることは、人生の充実や健康管理にもつながる

「テストステロン」という言葉をご存知でしょうか。男性ホルモンの一つで、筋肉をつけることにも大きく関係しているホルモンです。テストステロンが多く分泌されていると、男性的な精力にも満ち溢れ、やる気も湧いてきます。**「テストステロンのレベルが高い人＝活力がみなぎっている」**と言えます。

テストステロンは20代前半をピークに分泌量が減っていきます。ただ、ここにはかなり個人差があります。草食系の20代より肉食系のおじいちゃんのほうがギラギラと活力がみなぎっているのは、テストステロンの差なのかもしれません。しかし、基本的には年齢を重ねるにしたがって、右肩下がりに落ちていきます**（図1）**。

加齢で分泌量の落ちるテストステロンですが、それを上げることは可能です。高齢者でも筋トレの実施によって、安静時のテストステロンやその元になる物質のＤＨＥＡ（デヒドロエピアンドロステロン＝副腎や性腺で産生される男性ホルモンの一種）、テストステロンを受け取るレセプター（受容体：細胞はレセプターにより特定の物質を見分け、外からの情報を受け取り、結合することで多様な反応を起こす）の発現量が増大するという報告があります。

図1 テストステロンの加齢変化

遊離T(テストステロン)を10歳毎の年齢群に分けた各年代別の平均値±2SDを以下に示す。高年齢群になるにしたがって、低下する傾向を示した。

	20歳代	30歳代	40歳代	50歳代	60歳代	70歳代
平均値+2SD	27.9	23.1	21.6	18.4	16.7	13.8
平　均　値	16.8	14.3	13.7	12.0	10.3	8.5
平均値-2SD	8.5	7.6	7.7	6.9	5.4	4.5

(pg/mℓ)

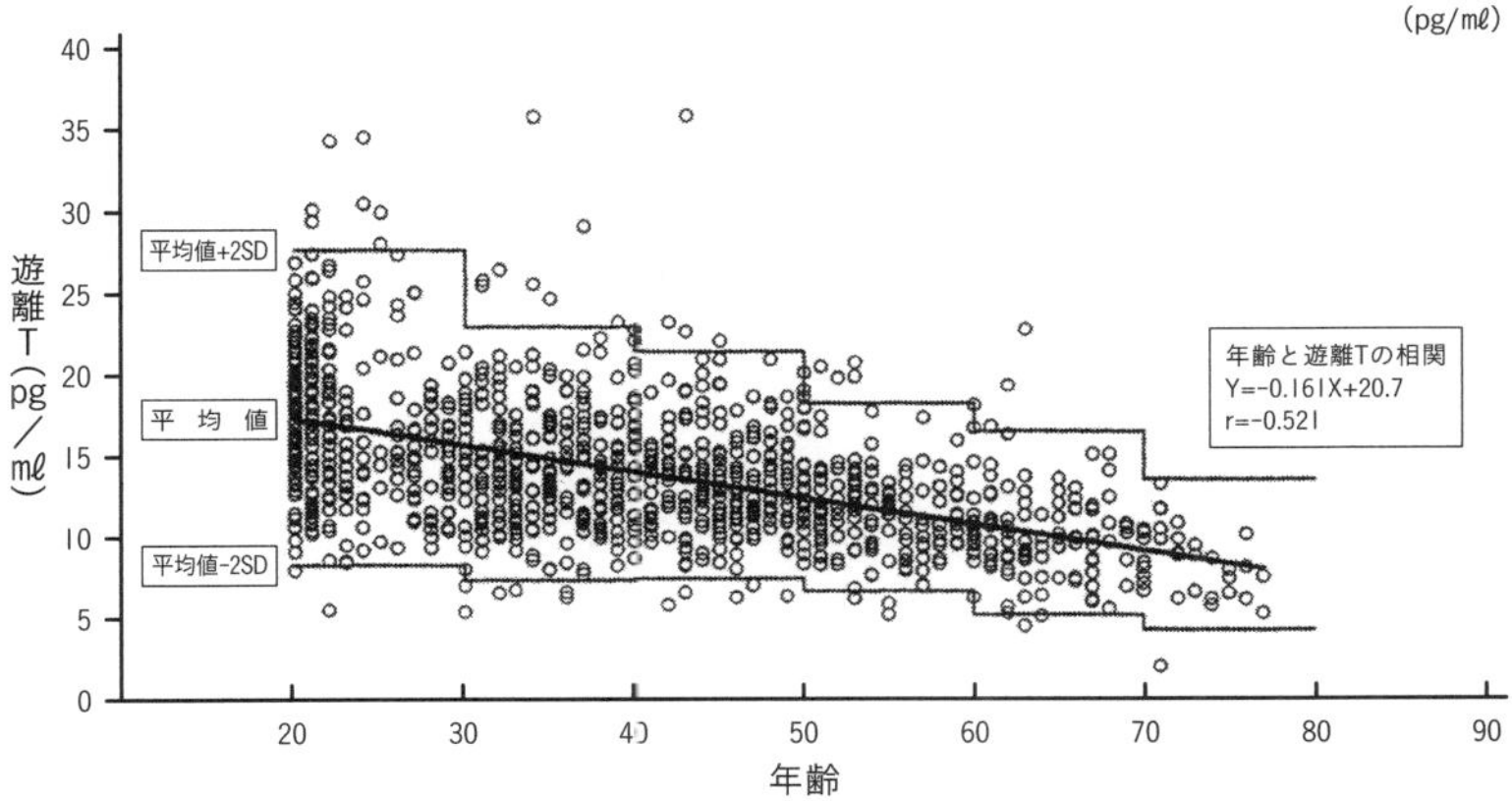

出典:「岩本ら、2004」より一部改

つまり、筋トレの実施によって普段から活力がみなぎるようになってくるわけです。成功しているビジネスパーソンに、筋トレの実践者が多いことの理由の一つかもしれません。

なお、テストステロンは筋トレの直後にも分泌量が上がります。筋肉に代謝物が溜まるような刺激、つまり筋肉がパンパンに張るようなトレーニングに反応しやすいことがわかっています。インターバル時間を短くし、ある程度の回数をこなすことで得やすい刺激です。**本書で紹介する「自重トレーニング」は、テストステロンレベルを上げるのに適した方法**だと言えます。

なお、テストステロンは主に精巣から分泌されることから男性ホルモンとなるのですが、精巣だけでなく筋肉からも多量に分泌されます。つまり、ここでの話は実は女性にもあてはまるのです。テストステロンの前駆物質（物質が生成する前段階の物質）のＤＨＥＡは副腎という組織で主につくられますが、ＤＨＥＡの分泌量に男女差はほぼありません。

ここでは筋トレと関連の深いホルモンとして、テストステロンをその代表例として説明してきました。もちろん、それだけではありません。**筋肉をよく動かすと、テストステロン以外にも健康にとって望ましい効果を持つホルモンが分泌される**ことがわかっています。

筋肉から分泌されるホルモンをマイオカインと言いますが、マイオカインには数十もの種類があり、例えばＩＬ６には抗炎症作用による動脈硬化の予防、イリシンには脂肪分解、ＳＰＡＲＣには抗がん作用、ＢＤＮＦ１には脳機能改善による認知症予防の効果があります。

ただ、ここで誤解しないでいただきたいのは、筋肉量さえ増やせばマイオカインの分泌も多くなるわけではないということです。マイオカインの分泌量との関係性が強いのは、筋肉量よりも運動量です。

筋肉をつけるだけでなく、それを普段からよく使うことも大事ということになります。筋トレ以外はダラダラ、では不十分。ジョギングやゴルフなどをするのもいいですし、普段から活動的にテキパキと動くことも大事です。

シャキッと背すじを伸ばしてスタスタ歩く。エスカレーターを使わずに階段をホイホイ上る。そのほうが気持ちいいです。普段から気持ちよく体を動かしていきましょう。

人間は動物です。筋肉を使ってしっかりと動かないと、調子が悪くなり病気がちになってしまいます。がっちりと筋肉をつける。その筋肉を使ってよく動く。「筋肉をつける」ことと「動く」ことはセットにして考えていきましょう。

とはいえ、いくら「やったほうがいい」とわかってはいても、特に不調を感じていないのに体のためを思って行動するのは難しいもの。人は、元気で何の症状もないうちはそれほど体に気を使わないものです。

筋肉をつけて、よく運動すれば健康にいいということはわかりました。では、健康のためではなく、カッコいい体になるために運動してみてはどうでしょうか。カッコよくなって異性にモテたい。運動を始めるにあたって、それは決して不純な動機ではありません。

カッコよくなる、きれいになるというのはとても大事なことです。目的は違っても、筋肉をつけて、体脂肪の少ない体になれば、得られる結果は同じです。病気のリスクが下がり健康な体を手に入れられます。

カッコいい体は健康なカラダ。異性に魅力的に映る人、それは活力に満ち溢れた健康的な人でもあるのです。

そういった意味では、少し古いですが、「ちょい不良《ワル》」「ちょいモテオヤジ」を流行《はや》らせた雑誌『LEON』(主婦と生活社)の表紙を飾ったパンツェッタ・ジローラモさんの功績は大きいと思います。

年齢を重ねても「カッコよさにこだわるカッコよさ」を広く訴え、普及させたのですから。これは女性においても同じです。いくつになっても魅力的な男性、女性であり続ける。これはとてもすばらしいことです。

ただ、カッコよさを追求しても「ちょいワル」くらいにとどめてくださいね。「ちょい」を通り越して、家庭内不和を生むほどのワルはしないように!

体幹トレーニングだけではカッコいい体になれない

体を鍛えること、運動することの重要性はご理解いただけたかと思います。ただし、トレーニングや運動といっても、色々な種類のものがあります。一時期は体幹トレーニングが一世を風靡《ふうび》しました。今も流行っています。

例えばフロントプランクなど、体を一直線に伸ばした状態でつま先と両肘《ひじ》を床につけて、その姿勢をずっと維持するトレーニングです。板状に姿勢を固めることからプランク（厚板）とも言われます。部活動の練習内で経験したことがある人も多いのではないでしょうか。

こういったトレーニングで体幹のすべての筋肉、さらにはインナーマッスルも鍛えられるとよく言われます。体幹トレーニングが何よりも大事だと思っている人もいます。でも、残念ながらそれらは完全なイメージです。正しくはありません。

体幹トレーニングに意味がないと言うつもりはありません。相応の効果はあります。しかし、万能のように言われていることのほとんどがイメージにすぎません。

もっともメジャーなフロントプランクで説明しましょう。これは体幹を前に曲げる腹筋群と脚を前に振り出す腸腰筋に力を入れてじっと耐える運動です。

使われているのは体の前面だけで、背面の脊柱起立筋などはほとんど使われていません。これは筋電計という筋肉の活動を計る装置でも確認されています。

サイドプランクは主に側面だけ、バックプランクは背面だけを使います。**鍛えられる部位はかなり限定的です。そしてその限定された部位への筋トレ効果はというと、それほど高くはありません。**

他の部位の筋トレに置き換えるとわかりやすいと思います。フロントプランクのようにじっと耐える運動は、例えば、ベンチプレスでバーベルを持ち上げる途中の姿勢で動かさずに耐えているのと同じです。

大胸筋や上腕三頭筋を大きく強くする高い効果を得るには、バーベルを上げ下げするベンチプレスが最適です。じっとバーを持って耐えるのはとてもキツい運動ですが、あまり筋肉は大きくなりません。だから上げ下げするベンチプレスを誰もがやるわけです。バーを持ってじっと耐えている人をジムで見かけませんよね？

上げる運動はエネルギー消費が大きく筋肉に多くの代謝物が溜まります。下げる運動は落下の衝撃を筋肉で受け止めるため、筋肉を傷めつける刺激となり筋肉痛が生じます。これらの上げ下げによる筋肉の発達を促す刺激が、じっと耐える体幹トレーニングにはありません。だから、**しんどいわりには筋肉がつかない**のです。

では、体幹トレーニングで上がると言われる腹圧はどうでしょうか。腹圧を上げる体幹トレーニングで体幹の安定性を得られるとよく言われます。

腹筋の深層には、体幹をなかから支える腹横筋という筋肉があります。深層にあるのでインナーマッスルになります。この腹横筋はコルセットのような役割を果たしており、腹圧（お腹のなかの圧力）を上げて体幹を安定させています。体幹の安定はアウターマッスルの腹筋群、背筋群で直接支えるのが主ですが、インナーマッスルによる腹圧も補助的に役立っています。

では、フロントプランクなどの体幹トレーニングで実際に腹圧は上がっているのか。実測してみると、残念ながら**フロントプランクのような動きでは腹圧はまったくといっていいほど上がりません。他の運動のほうがはるかに上がります**（図2）。

息を止めずに行う運動では腹腔《ふくくう》の上の蓋《ふた》にあたる横隔膜が動くので、腹圧は上がらないと考えられます。体幹トレーニングは30秒、1分など長い時間で行うので息は止めません。瞬間的に「フンッ！」といきむときのほうがよっぽど腹圧は上がります。打ったり投げたり跳んだりといった強いパワーを発揮するときは、いきんで腹圧を上げています。

トレーニングとは、競技練習では与えられないような強い刺激を与えるためのものです。そう考えると、競技動作に比べてまったく腹圧の上がらない体幹トレーニングでは、腹圧を上げる練習にならないことになります。

次にインナーマッスルですが、体幹トレーニングは体幹を前、後ろ、横に曲げる腹筋群、背筋群、つまりアウターマッスルを使ってその姿勢で耐える運動です。関節の回転軸の安定に関わる多裂筋などのインナーマッスルとはあまり関係ありません。

腹圧に関わる腹横筋や骨盤底筋もインナーマッスルですが、そもそも腹圧は体幹トレーニングではまるで高まらないことは先に示した通りです。**体幹トレーニングはインナーマッスルとはあまり関係しないのですが、どちらも機能的なものとイメージで結び付けて考えてしまうのでしょう。**

図2 運動中の腹圧変化

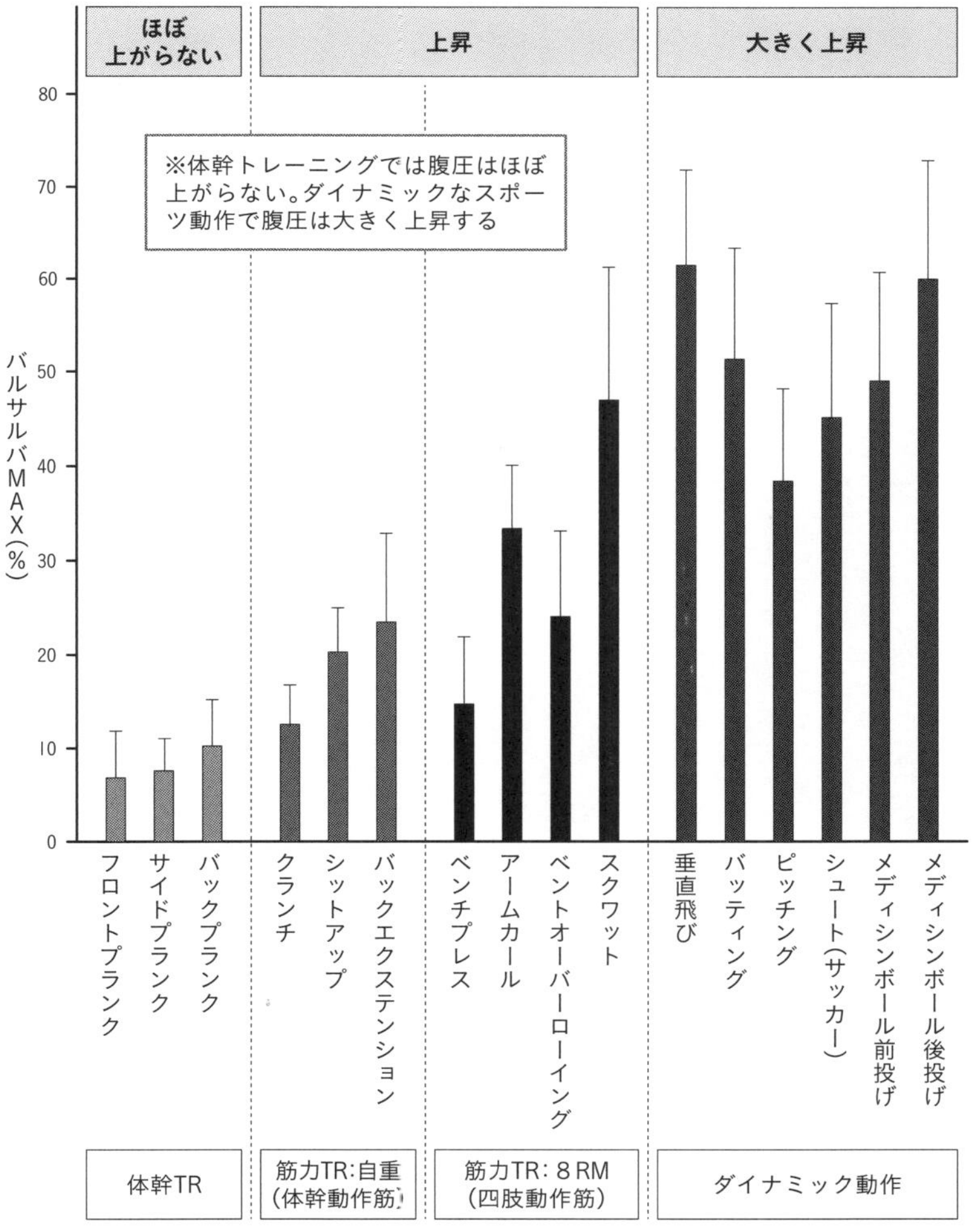
ほぼ上がらない
上昇
大きく上昇
※体幹トレーニングでは腹圧はほぼ上がらない。ダイナミックなスポーツ動作で腹圧は大きく上昇する
バルサルバMAX（%）
0
10
20
30
40
50
60
70
80
フロントプランク
サイドプランク
バックプランク
クランチ
シットアップ
バックエクステンション
ベンチプレス
アームカール
ベントオーバーローイング
スクワット
垂直飛び
バッティング
ピッチング
シュート（サッカー）
メディシンボール前投げ
メディシンボール後投げ
体幹TR
筋力TR：自重（体幹動作筋）
筋力TR：8RM（四肢動作筋）
ダイナミック動作

ここまで体幹トレーニングのいくつかの誤解について述べてきましたが、体幹トレーニングにも意義はあります。ただし、一般に過大評価されるような万能の効果はないという話です。

そもそも運動のメインは体幹ではなく脚と腕の動きです。体幹で投げたり打ったり走ったりするわけではありません。

体幹はメインの動作となる脚と腕を動かす際に、その土台としての役割を持ちます。この役割の重要性に基づいて考案されたのがフロントプランクなどの体幹トレーニングの始まりとされます。脚腕の土台をしっかりと安定させる感覚を身につけるためのトレーニングと理解すべきです。それ以上の効果はありませんので、万能視してはいけません。

体幹を固定・安定させる感覚を身につける目的なら、長時間行う必要はないでしょう。ピシッとまっすぐにして10秒ほどでも十分と思われます。フロントプランク3分などは姿勢も崩れてしまいますし、シゴキでしかありません。筋肉は多少つきますが、それよりも普通にクランチなどの腹筋運動をするほうがずっと効果も高く効率もいいです。

腕立て伏せをしっかりした姿勢で行えば、その間にフロントプランクはできています。スクワットをしっかりと背すじを伸ばして行えば、そこにはバックプランクの要素が入っています。

ですから、それらがきちんとできていれば、特にプランク系の体幹トレーニングを行う必要はないとも言えます。元阪神タイガースの〝アニキ〟こと金本知憲《かねもとともあき》さんが「体幹トレーニングは何をしていますか？」の回答に、「高重量のスクワットです」と答えたという逸話は有名です。

以上が体幹トレーニングの実際のところです。万能の効果を妄信するのではなく、本来の意義を理解しておきましょう。

体幹の固定・安定の練習にはなるので、きれいな姿勢の体幹をつくるという意味では行ってもいいと思います。その場合、種目としてはフロントプランクよりもバックプランクの動きが重要です。姿勢はやや前傾で背面から支えているからです。

コラム 1

「YES／NO枕」から始めてみる

私は友人、知人の結婚のお祝いには必ず「YES／NO枕」を贈るようにしています。テレビ番組『新婚さんいらっしゃい！』（テレビ朝日）の出演者に記念品として渡される、あれです。いつまでもそういう関係が保てるように仲よくしてほしい、というだけではありません。

夫婦ともに素敵なスタイルで性的にも魅力的な体型を保てることは、ずっと健康でいられることにもつながる、というメッセージを込めて贈るのです。もらった人は迷惑かもしれませんけど。

お互いに魅力的なほうが好きでいられますし、人生が楽しくなります。夫婦ともに40歳になっても50歳になっても60歳になっても、魅力のあるスタイルを保ってほしいものです。それは、健康長寿のためにもなります。

また、中年になっても余分な脂肪のついた太鼓腹にならず、筋肉もしっかりとついてカッコいいスタイルを維持している人は、不思議なほど年をとらないものです。**しっかりと筋肉がついていてカッコいい体を維持している人で、実年齢以上に老け込んでいる人というのはあまり見かけません。**

早々に老け込んでしまうか、いつまでもシャキッとカッコよく若々しくいるかはその人次第です。どうせなら、夫婦揃って後者でありたいものですね。

50代でも若々しく40代のように見える人がいますが、それなりに理由があります。反対に、老けた覇気のない60代に見える50代の人もいます。やはり、そこにもそれなりの理由があります。

結局は「カッコいい人ほど年をとらない」のです。運動によって起こるホルモンの分泌亢進《こうしん》や、体が錆《さ》びにくくなるなどと形容される抗酸化能力の向上などが関係していると言われますが、それだけではないかもしれません。

まずは、「YES／NO枕」を買ってみる。そういうところから始めてみるのもいいかもしれません。間違っても、たわしを買わないように。お風呂の掃除をさせられるだけだから。

第2章

男が40代でメタボになる理由

過去の栄光にすがったところで

日本人男性の平均体重は、戦後から増加傾向が続いています。1980年は17%程度だった成人男性の肥満者（BMI＝25以上）〔BMI（ボディマス指数＝肥満度を表す体格指数）＝体重（kg）÷身長（m）×身長（m）〕の割合も、2006年以降は約2倍の30%程度まで増えています。

しかし、摂取カロリーはむしろ減少しています。1日あたりの摂取カロリーの平均（20歳以上）は、1980年の約2100キロカロリーと比較して、2012年では約1900キロカロリーになっています（国民健康・栄養調査）。

摂取カロリーが減少しているにも関わらず平均体重が増加しているのは、「主には消費カロリーが減少したことと動物性脂肪の摂取割合が増えたこと」が原因だと考えられます。動物性脂肪に多く含まれる飽和脂肪酸は、体脂肪の貯蓄を進めます。

このように体重が増えてしまった現代男性ですが、**その数字を主に上げているのが中年男性、太ってお腹の出てしまったおじさんたちです。**

インターネットの発達による移動の減少やエスカレーター等の利用で、おじさんたちの日常の活動量はめっきり減りました。学校を卒業してからは、運動らしいこともしなくなり、その半面仕事のストレスもあり、お酒の量は増え……（お酒は蒸留酒でも太りますよ！　50頁参照）。気がつけば手足は細く、お腹だけがポコッと出たメタボオヤジのできあがりです。

中年になると体質的に太って内臓脂肪がつきやすくなる、ということも多少はあるかもしれません。しかし、若い世代と比べてお腹が出て内臓脂肪が多い中年男性はあまりに多すぎます。若い人にお腹が出た人が少なく、中年でも運動して体に気を使っている意識高い系の人にはお腹が出ている人が少ないことから見ると、やはり生活習慣によるところが大きいと思われます。自己管理能力のある、デキるミドルはお腹が出ていません。

学生時代に運動部の花形でモテ体型だった人でも、それは過去の自分であって今の自分ではありません。過去の運動経験は貯金できません。ハーバード大学の卒業生を追跡調査した研究によれば、運動をよくしている人はほとんどしていない人と比べて、心疾患の発症率が半分以下に減少していることがわかりました。

そしてそれは、**若い頃に運動をしていたかどうかとは関係していません**。大学代表選手として活躍したような人でも、その後に運動不足の生活が続くとメタボリックシンドローム（内臓脂肪症候群／直訳は代謝症候群。以下、メタボ）になって病気になるリスクは高くなるのです。

本格的に運動をしていた人にとって、痩《や》せるため、健康のための運動はぬるいものに感じがちです。若い頃にスポーツでならした人ほど、プライドが邪魔をしている場合が多いのではないでしょうか。

「本気を出せば、いつでも俺は変われる」

「今の俺は、本当の俺ではない」

自分のお腹を見てみてください。おへその横、脇腹あたりの肉を指でつまんでみてください。それが今の〝本当のあなた〟です。本気を出す以前に、痩せるため、健康のためのぬるい運動すらできていない現実がそこにあるのです。

過去の栄光にすがったところで、内臓脂肪は1gも減りません。筋肉だって1gも増えません。向き合うべきは過去の自分ではなく、〝今の自分〟です。

なお、内臓脂肪は皮下脂肪と比べて入れ替わりの速い組織です。**太るときにつき**

やすい脂肪ではありますが、ちゃんと運動してダイエットするときには落ちやすいところでもあります。

運動や適切な食事など、やるべきことをしっかりやれば、比較的早く変化していきます。やれば落とせる脂肪なのですから、今の自分と向き合って、しっかりと落としていきましょう。

メタボは痛くも
かゆくもない。でも、
明日死んでしまう
かもしれない

運動して痩せたほうがいいとわかっていても、なかなか実行に移すことができない。それはなぜか。メタボになっても、どこも痛くもかゆくもないからです。

食事、運動、喫煙の有無などの生活習慣が主な原因となる疾病《しっぺい》を生活習慣病と言います。心血管疾患、脳血管疾患、糖尿病などが代表的な生活習慣病です。これらの疾患にかかりやすい体の状態である、という判定がメタボです。

これらの生活習慣病を誘発する代表的な原因の一つに、**「内臓脂肪の過剰な蓄積」**が挙げられます。**増加しすぎた内臓脂肪は、脂肪細胞からの生理活性物質（ホルモンもしくはサイトカインと言います）の分泌異常を起こし、動脈硬化と筋肉の糖代謝能の低下を引き起こします。**

動脈硬化が重症化していくと心血管疾患（心筋梗塞や狭心症など）、脳血管疾患（脳出血や脳梗塞など）を引き起こす危険性が高まります。また糖代謝能が低下すれば血糖を下げられず、糖尿病になります。糖尿病にはその病気だけではなく、高血糖状態には動脈障害性があるため、動脈硬化を進めるという問題もあります。

メタボの具体的な判定基準は厚生労働省が定めており、内臓脂肪が多いことをその第一条件としています。メタボは中年期以降、健康に関して大きく影響を及ぼす問題の一つとされています。

メタボの人は前述の通り、心血管疾患、脳血管疾患、糖尿病といった生活習慣病に罹患《りかん》しやすい状態にあります。これらの疾患は死に至ることが多い病気です。しかも、心血管疾患、脳血管疾患は「突然死」につながることも少なくありません。

昨日まで何事もなく元気だったのに、翌日になって急に亡くなってしまう。「明日死んでしまうかもしれない」。そんなヤバイ状態がメタボなのです。

メタボ自体は病気ではありませんので、実際に太って内臓脂肪が多くなっても、血圧が高くなっても、血糖値が正常値でなくても、どこも痛いところはありません。でも、とても危険な状態なんです。

内臓脂肪の増大は命に関わる問題だということを自覚してください。**突然死は他人事ではありません。メタボ判定の方にとっては「とても身近な問題」と思うべきです。**デキる男はそんなリスクは抱えていたくないですよね。

なお、メタボが導く心血管疾患、脳血管疾患、糖尿病のリスクを上げる主犯は先に述べたように、蓄積しすぎた内臓脂肪から分泌される悪玉のサイトカインです。しかし、犯人は内臓脂肪だけではありません。

運動は血管の機能を高めること、善玉のコレステロールを増やすことで動脈硬化を改善します。糖代謝能力を直接上げる効果もあります。

運動は内臓脂肪の減少に関わりますが、「内臓脂肪の増減とは別に」、直接メタボ系の疾患のリスクを下げてくれます。食習慣も同じです。

それから、言うまでもありませんが喫煙と飲酒もよくありません。タバコは体に悪くない、といまだに頑張る人が稀にいます。そんなトンデモ理論を耳にすることもありますが、そんなことがあるわけがないです。

喫煙は確実に動脈硬化を進めます。肺がん、喉頭《こうとう》がんをはじめ多くのがんの発症率を高めることは多くの疫学研究が明確に示しています。

加熱式タバコに関しては、しっかりとした疫学研究はまだありませんが（実態調査には10年単位での追跡調査が必要なため）、吸引する成分に大きな違いはありませんので、同じくリスクがあると考えるべきでしょう。

喫煙は「ゆっくりとした自殺」です。体を壊しても、申し訳ありませんが同情はできません。また、自殺はまだ自己責任で済みますが、受動喫煙を考えるとそれはもう他殺、殺人です。

デキる男に喫煙という選択肢はあり得ません。一事が万事。喫煙する人は、自分の体を大切にできず、周りへの気遣いができない人と思われても仕方がありません。

飲酒も、「酒は百薬の長」などといった酒好きが免罪符にできる言葉がありますが、基本的にはよいものとは言えません。適量は心疾患のリスクを下げることがわかっていますが、体に与えるその他の影響は基本的にはマイナスです。

おいしく、楽しく節度を持って嗜《たしな》む程度にしておきたいですね。「ハイボールなら太らない」も大ウソです。そのあたりは次で触れていきましょう。

ハイボールは飲んでも太らない!?すがった挙句のビール腹

中年男性がブクブクと太っていく原因の一つに、「飲酒」が挙げられます。社会人になって、運動量は減ったのに、お酒の量は増えた。こういった人はかなり多いのではないでしょうか。

まことしやかに囁かれる「ハイボールは飲んでも太らない」という都市伝説のような話。信じたい気持ちもわからなくはないですが、結論から言えばこれは大ウソです。

ハイボールはウイスキーを炭酸水で割ったものです。これが太らないと言われる理由は、ウイスキーのような蒸留酒はほぼアルコールと水だけでできていて糖質などを含まないから。そして、「アルコールのカロリーはエンプティー(空っぽ)カロリーだから摂取カロリーに数えなくても大丈夫」という考えからです。

1gのカロリーは糖質4キロカロリー、タンパク質4キロカロリー、脂質9キロカロリーあるのに対し、**アルコールは7キロカロリーです。けっこうなカロリーがあります**。肥満治療でも、お酒をよく飲む人は、「まずはその量を減らしましょう」と指導されます。「摂取カロリーに数えなくて大丈夫」ではありません。

先ほどの「エンプティーカロリー」という言葉、これは決して**「カロリーがゼロ」という意味ではありません。**「カロリーはあるけれど体づくりや健康づくりに必要な微量栄養素が空っぽ、もしくはほとんど含まれない」という意味です。蒸留酒はほぼアルコールしか含まないので、エンプティーカロリーとなります。具材の少ないインスタントラーメン、生クリームと生地だけのケーキなどもエンプティーカロリーの食べ物になります。

カロリーゼロと誤訳される背景には、「アルコールはすぐにエネルギーとして使われるから脂肪にならない」という理屈があります。実際に、体内にアルコール自体を貯蔵することはできません。そのため、アルコールは摂取すると優先的にエネルギーとして使われるのは事実です。

ですが、**アルコールが使われている間、糖質、脂質、タンパク質はその分使われなくなっています。だから、結局はアルコールもカロリー源です。**「優先的に使われるから」というのは、太らない理由にはまったくなっていません。

また、アルコールを分解する際に脂肪燃焼に必要な補酵素を多く使うため、脂質のエネルギー利用を抑制してしまうことがわかっています。つまり、**アルコールを摂ることは脂質を摂っているのとほぼ同等**ということになります。

また、摂ったアルコールのカロリーはすべて発熱など余計に使われるエネルギーになるとの論調もありますが、実際にはごく一部です。この「余計に使われるエネルギー」の割合をＤＩＴ（食事誘導性熱産生）と言います。アルコールのＤＩＴには色々なデータがありますが、10～30％とされます。普通の食事のＤＩＴの平均は10％ほどですので、10～30％というのは特に高い数字ではありません。他の栄養素のＤＩＴは糖質5～10％、脂質0～3％、タンパク質20～30％程度となっています。

また、アルコールは優先的にエネルギーとして使われますが、当然、使い切れない分も出てきます。使い切れなかったアルコールは行き場はなく、中性脂肪に合成されて結局は体脂肪として体につくことになります。これが一番の問題です。

実際にアルコールをたくさん飲むと、血中の中性脂肪がものすごく上がり、正常の6倍以上にもおよぶこともあります。上がった分の中性脂肪は、体内のどこかに速やかに取り込まなければいけません。その中性脂肪が最初に取り込まれるのが内臓脂肪です。

だからアルコールをたくさん飲むと、内臓脂肪がつく。そしてその多くが肝臓につくため脂肪肝になります。アルコールの多飲が高脂血症を誘発すること、脂肪肝を進めることは医学的にもよく知られた事実です。

なお、アルコールはけっこうなカロリー源となりますが、その分食べる量が減るかというと、そうはなりません。飲酒する人としない人の食事でのカロリー摂取量を調べた研究では、食事で摂るカロリー量に違いはみられませんでした。つまり、アルコール分のカロリーがそのまま足し算になるわけです。

ウイスキーなどの蒸留酒は、同じアルコールの量であれば、糖質などを含んでいない分、低カロリーではあります。ただ、ビールなどの醸造酒のカロリーの多くはアルコールによるものです。ビールならば、全カロリーの70％ほどはアルコールのカロリーです。アルコール分以外のカロリーは、それほど多くはありません。

ハイボールは、その残りの30％分ほどのカロリーが抑えられるということになります。これは「糖質ゼロ」のその他のお酒も同じです。糖質ゼロはカロリーが30％

オフになるということで、もちろん意味はあります。が、カロリーゼロというわけではありません。

ハイボールを「太らない」と信じ込んで飲んでいる人は、その分飲む量が増える傾向にあります。「ハイボールは太らない」を免罪符にして、たくさん飲んでしまうのです。

確かにビールと比較すると、同じ量のアルコールに対して30%のカロリーがカットできます（図3）。でも、それ以上に飲んでしまえば、結局はビールを飲むより太ってしまいます。

ポコンと前に突き出たお腹を「ビール腹」と言いますが、ハイボールをたくさん飲みすぎると「ハイボール腹」になってしまいます。「ビール腹にはなるけどハイボール腹にはならない」ということはありません。

お酒をやめたら、多くの人は痩せます。また、お酒はおいしく飲むものです。太ることを気にして糖質ゼロで我慢するよりも、しっかりと運動して、カッコいい健康的な体を手に入れて、そのご褒美としておいしいお酒を味わいながら飲んでいた

図3　醸造酒のビールと蒸留酒ベースのハイボールのカロリー比較

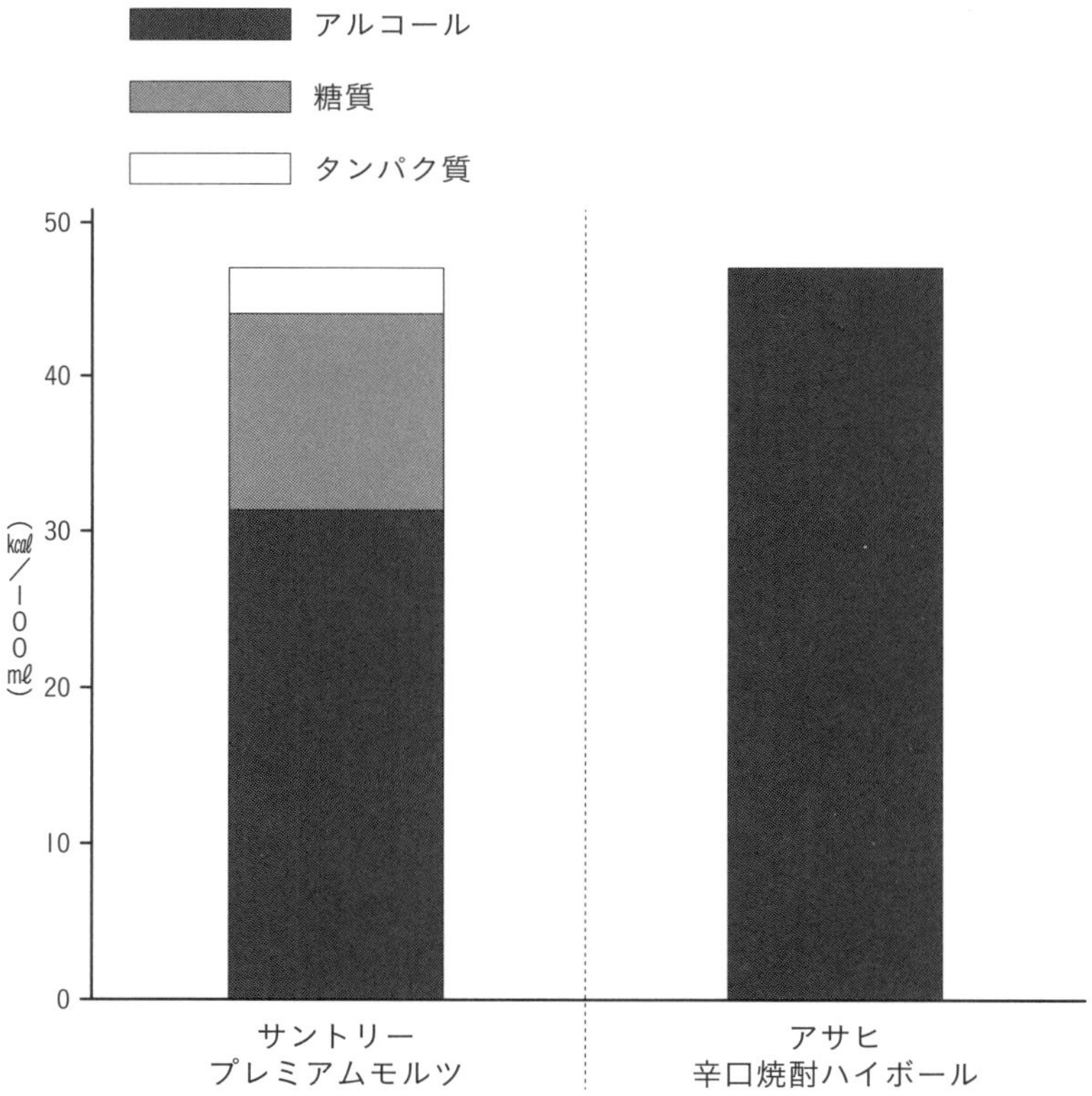

ハイボールはアルコール度数がビールよりも3割ほど高いので、カロリーはビールと同じくらいになります

だきたいものです。

味わって飲めば量も減りますので、健康面でもプラスです。デキる男は、体もお酒もスマートに。味わって適量を楽しみましょう。

コンビニの意識変革。
あなたが
意識を変えないで
どうする！

ここ最近のコンビニエンスストア、ちょっと変わってきたと思いませんか？ 今や、サラダチキンはどのコンビニにも置かれるようになりました。サラダチキンは偉大な食材です。むね肉を自分で調理すると、どうしてもパサパサしてしまいます。ですが、サラダチキンはよくできていて、パサパサ感は少なく、そのままでもおいしく食べられます。最近は味の種類も豊富になってきました。

他にも高タンパク食品、低糖質食品などが、それなりのスペースをとって陳列されているお店もあります。魚のパック商品も増えました。魚は高タンパクなうえに、ボディメイクにも健康にもよい良質の資質が含まれます。

プロテインバーも、昔はタンパク質がほぼ入っていないのにパッケージには「プロテイン」と書かれているものもありましたが、今は15gものタンパク質が配合されている商品もあります。プロテインミルクという、飲むだけで簡単にタンパク質を補給できるドリンクもあります。

おやつに食べやすいカニカマスティックも体づくりをしている人にとってはなかなかありがたい食材です。カニカマは白身魚とデンプンの練り製品で、塩分が多いことを除けばおやつの優等生と言えます。

ここに挙げたような商品を豊富に取り揃えているコンビニを、私は〝意識高い系コンビニ〟と呼んでいます。そして意識高い系の店は確実に増えています。**今のコンビニは昔と違い、デブをつくる元ではなくなりました。**

体が変わると、自然と食べ物を選ぶときの意識も変わってきます。コンビニの意識が変わっているこの時代、利用する皆さんが意識を変えないでどうするんですか！

筋トレをやってみたいと思っている。逆三角形の体になりたいと思っている。そのための食材は今やコンビニでも簡単に手に入る。あとは、やるだけです。

コラム 2

最初から全力で追い込まない

筋肉は慣れない刺激を受けると翌日に激しい筋肉痛を起こします。運動不足の人がたまにはりきって運動をすると、ひどい場合は1週間くらい生活に支障をきたす筋肉痛が続く場合があります。また、運動をしている人でも普段と違う運動をすると筋肉痛が強く出たりします。

筋トレは特に筋肉痛が起きやすい運動です。そこで最初のうちは張り切りすぎずに余力を持って行い、徐々にしっかり追い込み、筋肉を慣らしていきましょう。そうすれば多少の痛みは起こりますが、日常生活に差し支えるほどの辛い筋肉痛は避けることができます。「筋肉痛が辛いから筋トレはしたくない」という心配はそれほど必要ありません。

慣れてくると筋肉痛が起こりづらくなりますから、1~2週間くらいかけて徐々に慣らしていきます。慣れてきてからはしっかり追い込み切りましょう。筋トレは

「初日は張り切らない」が鉄則です。

最初は「フォームを覚える」ことを目的に、余力を持って行いましょう。これは、ゴルフやジョギングなど、他の運動を始める場合も同じです。まずは余力を持って基本の動きを覚えることから。

仕事やプライベートでも同じかもしれません。最初は慎重に無理せず。馴れてきたらしっかり目一杯で行うのです。

また、運動後のケアによって筋肉痛を軽減する方法もあります。運動したあとにストレッチやマッサージを行うと、筋肉が受けた損傷自体は改善できませんが、筋肉がほぐれて少しラクになります。筋肉痛が生じているときに行うストレッチやマッサージにも痛みの軽減効果が認められています。

筋肉の再生の材料となるタンパク質や、主なエネルギー源の糖質の速やかな補給も、回復を速める手助けとなるでしょう。

第3章

体型をデザインする前に

筋肉をつけて
メリハリのある体、
太りにくい体に

体型をデザインする要素は、主に二つあります。それは、「筋肉をつけること」と「脂肪を減らすこと」です。体型を改善するには体重を落とし、体脂肪率を下げることを思い浮かべる方がいるかもしれません。しかし、それだけではカッコいい体はつくれません。

ただ痩せているだけの貧相な体は魅力的ではありません。メリハリのある体をつくるには筋肉が必要です。その筋肉をつける効果が圧倒的に高いのが筋トレです。ゴルフやテニスなどのスポーツでも筋肉はつきますが、筋トレのほうがずっと高い効果を短期間で得ることができます。効率よく近道ができるのです。**「目的達成のための最短距離を選ぶ」ことは、デキる男のマストな選択です。**

そして、筋トレの第一の効果は筋肉をつけることですが、脂肪を減らすのにも有効です。筋トレをすると筋肉がつき、脂肪も減らせるので、嫌でもカッコいい体になっていきます。

減量のための運動といえば、筋トレよりも有酸素運動というのが古くからの定説になっています。ジョギングのような有酸素運動は、全身運動で比較的簡単に消費エネルギーを稼げ、そのうちの脂質の利用割合も高いという特徴があります。

一方、筋トレは運動時に使われる脂質の利用率が低く、合間に休憩時間があることと、腕だけや腹筋だけなど局所的な運動であることなどから、エネルギー消費はさほど多くありません。時間あたりのエネルギー消費はジョグとウォーキングを混ぜた運動程度です。運動の時間も多くありません。

しかし、**筋トレにもダイエット効果はあります。理由の一つは基礎代謝の増加です。**研究により数字は様々ですが、3か月ほど本格的な全身の筋トレを行うと、筋肉などの除脂肪体重が約2kg増えて、1日あたりの基礎代謝量が100キロカロリーほど増えるという研究報告があります。

基礎代謝とは、生きているだけで使われるエネルギー消費量のことです。基礎代謝が上がることが明確に認められる運動は筋トレだけです。他の運動でこのような効果を認めたという報告はほとんどありません。

100キロカロリーのエネルギー消費は、体重が70kgの人の場合なら40分程度の散歩に相当します。何もしなくても毎日40分散歩しただけのエネルギー消費が増えるわけです。これはかなりの効果です。

筋肉が２kg増えて基礎代謝が１００キロカロリー増えるなら、さらに2倍の４kg増やせば２００キロカロリー、３倍の６kg増やせば３００キロカロリーと筋肉量に比例して基礎代謝が増え続けるように思えそうです。しかし、残念ながらそうはなりません。

筋肉自体の基礎代謝量は１kgにつき13キロカロリーとあまり高くないからです。そのため、筋トレによる基礎代謝の増加は１００キロカロリーから先はあまり増えません。

筋トレをして筋肉をつけると全身の代謝率が一回り増えますが、筋肉がつけばつくほど青天井に基礎代謝も、とはならないのです。逆に言えば、ちょっと本格的に筋トレをすれば、ゴリゴリのマッチョな人と同等の基礎代謝になれるということです。

また、**筋トレに限らず高強度運動はその後の脂質の利用率を上げます**。運動により分泌されるノルアドレナリン（副腎髄質ホルモンであるアドレナリンの前駆質）や成長ホルモンなどに強い脂肪分解作用があるからです。

これも筋トレが減量に有効となる要素の一つと言えます。筋トレをしたあとに、テキパキとその後の時間を過ごせば、筋トレ後に分解の進んだ脂肪をそこで使って効率よく燃焼させることができます。

筋肉は30代から減り、疾患や死亡のリスクを高める

大事な大事な筋肉ですが、**筋肉の細胞は加齢とともに細くなるだけでなく、その数が減少します**。それは30～40代と意外と早くから始まります。

体の組織の多くは古い細胞が死んで、新しい細胞が生まれ、入れ替わりを繰り返しています。しかし、それは筋肉や神経にはあてはまりません。ある程度は新しく細胞をつくり出す能力がありますが、基本的には生まれながらの細胞をずっと使い続けているのです。つまり、細胞数の減少は細胞の死滅を意味します。

筋細胞の減少に伴う筋力の低下は病気のリスクを高めます。14万人を4年間追跡した大規模な疫学研究によると、筋力が高いほど死亡率や脳梗塞などの罹患率が下がるという結果が出ています。

特に大きな差がみられたのは、病気にかかった場合の死亡率の違いです。つまり、病気にかかることが致命的になるかどうかの比較です。「高」「中」「低」と筋力の高い順に三つのグループに分けて比較すると、心不全、脳梗塞、がん、ＣＯＰＤ（慢性閉鎖性肺疾患）で死亡に至る割合は「高」が「低」の約半分。肺炎に至っては3分の1に減っていました。

加齢によって死んでしまった筋肉細胞自体を生き返らせることはできません。でも、**しっかりと筋トレをすれば、新しく細胞をつくり出すことがある程度できますし、残っている筋肉を太く成長させることはできます。また、細胞の死滅を抑制する効果も期待できるでしょう。**

高齢のボディビルダーのなかには、40代や50代になってから筋トレを開始したという方もいらっしゃいます。

70歳になっても80歳になっても、しっかりと負荷をかけて筋トレをすれば筋肉は成長します。高齢者の筋トレ効果を実証した研究はいくつもあり、平均年齢70歳を超える被験者を用いた実験でも、筋肉が肥大したという報告が多くあります。

ただ、どうせやるなら早い段階から始めるに越したことはありません。筋肉の細胞が減り始める30代のうちから筋トレを日常生活のなかに取り入れておくことが理想です。少なくとも、筋肉の細胞が急速に減っていく50代や60代になるまでには始めておきたいです。働き盛りの30代や40代から始めれば十分に間に合います。筋トレを始めるのに早すぎることはありません。今、始めて下さい。

キツくても辛くない、
キツくても楽しい。
筋トレはセックス
よりも気持ちいい

「トレーニング＝辛いもの」と認識している人は多いと思います。結果を出すためには、辛いことをしないといけないと考えがちです。筋トレに限らずその考えは改めたほうがいいと思います。仕事でも同じです。

いい成果を上げるには、しっかりと厳しいこと、キツいことをしたほうが結果につながりやすいです。**ただし、「キツい」と「辛い」は同義ではありません。楽しく、厳しく、キツいことに取り組むことは可能です。**

筋トレに取り組む人の多くは、楽しみながら厳しい筋トレに取り組んでいます。むしろ、ゆるいラクなメニューを義務づけられたらとても苦痛に感じます。

同じやるなら、しっかり厳しく効果の上がることをしたほうが気持ちがいいですよね。成果のあまり得られないゆるい筋トレでは時間の無駄ですし、充実感も得られません。

「そんなこと言ったって、ただ同じ動作を繰り返す筋トレは楽しくできないよ」と思うかもしれません。いいえ、そんなことはありません。

「筋トレはセックスよりも気持ちいい」とボディビル界のレジェンド、アーノルド・

シュワルツェネッガーは言いました。

筋トレをしっかり行うと、筋肉が一時的に一回り腫《は》れ上がります。これを「パンプアップ」と言いますが、**このパンプアップ時に得られる充実感や高揚感を、アーノルド・シュワルツェネッガーは「セックスよりも気持ちいい」と表現したのです。**

パンプアップとは、トレーニングによって筋肉内に乳酸などの代謝物が溜まり、筋肉が水ぶくれを起こしてパンパンに張った状態のことを言います。筋肉をパンプさせることは、筋肉を成長させる有効な刺激の一要素です。

パンプアップしているときは、筋肉に熱く刺すような痛みが生じる「バーニング」という現象が同時に起こります。バーニングは筋肉がかなり厳しい状態であることを、発痛物質を出して脳に知らせるSOSサインです。

目一杯に追い込んで激しいパンプアップとバーニングを起こすと、それにむしろ快感を覚えるようになってきます。あるレベルを乗り越えると、ランナーズハイ的な悦楽がくるのでしょう。

筋トレの場合は、集中して行えばかなりの短時間でその境地にたどりつけます。

5分で悦楽の世界に行くことも可能です。

私はセックスよりも気持ちいいとまでは思いませんが（シュワちゃん、ごめんなさい）、パンプアップは強い快感と充実感を覚えさせます。そして、筋トレに対するやる気がみなぎってきます。

ジムなどで自分の筋肉を鏡の前に立って見ている人がいますが、あれはパンプアップして一回り大きくなった筋肉を見ているのです。10分ほどでパンプは引きますが、その間一回りデカイいい体になっています。

パンパンに張った筋肉、熱く刺すような痛み、鏡を見れば一回りいい体が映っている（鏡がなくても直接見ればその違いは感じられます）。快感と充実感に満ちないほうがおかしいというものです。

このパンプアップの快感で筋トレにハマる人も多いようです。高齢者向けの実技系の講演でも「先生、筋肉が熱くなってくるの。なにこれ！　こんなの初めて!!」と喜んで感想を伝えにきていただけることがしばしばあります。

なお、パンプアップは筋肥大を誘発する有効な刺激の一つです。強いパンプ感を得られるほど、効果の高い筋トレができたと思ってください。充実感も強くなるでしょう。

ぜひ、この快楽にハマってください。楽しく厳しく追い込めるようになると思います。「キツくても辛くない、キツくても楽しい」の精神でいきましょう。

仕事でも効率よく努力して高い成果を得られたときは、やはりたまらない充実感や達成感が得られると思います。それを楽しく厳しく実行するのです。

筋トレは短時間集中で行う

筋トレを辛いと感じるのは、長時間ダラダラとやるからかもしれません。「高校の部活動で、フロントプランクで3分耐えるというトレーニングを『させられた』のが辛かった」という話を学生からよく聞きます。そして、「監督やコーチが見ていないときに腰を下ろしてズルをして休んでいた」と。**本当に無益な時間です。**

筋トレは「させられる」ものではなく、自分自身のために能動的に取り組むべきものです。また、短時間で集中してやれば、そんなに辛くはありません。むしろ、気持ちよく感じます。数分でもしっかりと追い込めば、確実に体は変わります。

私自身も、1回のトレーニング時間は20分です。タイマーをセットして「あと20分しかできません」というところから始めます。

みっちり集中して「20分以上はできない20分の筋トレ」を心がけて行います。限られた時間でやるからこそ集中力を保てます。

これは仕事も同じでしょう。何事もダラダラとはやらない。時間を区切って集中する。時間は有効に使いたいものです。

また、**どんなことも「やろうかな？」と思っているうちにやってしまいましょう。**

本書で紹介する「自重トレーニング」は、やり始めると5分くらいで終わります。たったの5分です。やろうかな？　どうしようかな？　と思っているうちに5分くらい経っているものです。つまり、迷っている時間でできてしまう。迷う暇があるならやってしまいましょう。

なお、自宅でできる自重トレーニングは最強の時短トレです。出かける時間も着替える時間もいらないからです。やろうと思った5分後には終わって充実感を得られています。

仕事も筋トレも
楽しみながら

スポーツで、トップ選手がメダルなどを獲得した際に「辛い練習が報われた」といった旨のコメントを残すことがあります。練習が辛さに耐えるものになってしまっているようです。また、耐えること、辛い思いをすることがある種の美的感覚にもなってしまっています。

しかし、それはおかしいと思います。厳しいことと辛いことは違います。楽しく厳しくは可能です。

野球でもサッカーでも、好きでその競技を選んで始めたはずです。好きだからこそ、厳しくキツくを、楽しんで取り組むべきですし、また好きだからこそ楽しんで取り組めます。

私は長年、空手をやっていましたが、辛いと思ったことはそれほどありません。スパーリングは楽しくて仕方がない。「次は何を試そうか、この相手はどんな技を繰り出してくれるんだろうか」とワクワクしながら行っていました。

仕事も、完全に思い通りの会社への就職や、希望する部署への配属ではないかもしれませんが、**自分で選んだ職種ですよね。前向きにワクワクしながら、楽しく厳**

しく取り組めるはずです。

筋トレを日常的に行っている人に、「辛いなあ」「ズルしたいなあ」と思いながらやっている人はあまりいません。むしろ、時間が取れずに筋トレができなくなることのほうが辛い。**辛いと思いながら筋トレをする感覚自体がないのです。**

そういう感覚が仕事やプライベートでも生きればいいですね。

スポーツやトレーニングは本来、楽しみながら取り組むものです。練習で、シゴキのような無益な時間を過ごすから辛くなるのです。

繰り返しますが、「キツい」と「辛い」は同意語ではありません。筋トレは、キツいけど辛くない。キツいけど楽しい。力を出し切れば、気持ちいい。そう思って取り組んでほしいと思います。

質の低い100回よりも、質の高い10回を行おう

腕立て伏せなどの自重トレーニングでよくないのは、高回数をこなす努力をしてしまうことです。たくさんの回数をこなすために、いかに1回1回をラクして、筋肉に負担のない方法で行うかを目指してしまうのです。

昔のプロレスラーがやっていたヒンズースクワットもそうですね。基本はなんと1000回！　ストーンと落ちるようにしゃがみ、お尻で弾ませて立つ。立ち上がったところで毎回1拍の小休止を入れて、休み休み動作を繰り返す。

1回1回をできるだけラクに行って1000回行う方法です。1000回も行えばもちろん筋肉はつきますが、とても効率が悪いです。精神的な負担がとても大きいですし、時間もかかります。ストーンと落とす動作は膝にもよくないです。

腕立て伏せも、しっかりと胸を床につけてやっている方は少ないです。下ろしが浅く、しかも腰の位置をほとんど動かさない。上半身だけを上げ下げするような動作をしている人が多いです。

そんなラクをするやり方で何十回も行うよりも、しっかりと10回行うほうが効果は上がります。胸が床につくまでしっかり下ろす。体はまっすぐにして腰から上だけの動作にしない。そうすれば、10回ほどでも胸が張り裂けるほどの刺激を得られます。

腹筋運動のクランチもそうです。小さな動きでたくさんの回数を目指しがちです。しかし、しっかり高く上げ切れば、たったの10回でも腹筋が攣《つ》りそうになるくらいの刺激を得られます。

自重トレーニングは回数をこなすことがすごいと思われがちですが、そうではありません。**回数は「手段」であって、「目的」ではありません。目的は筋肉を大きく発達させることです。**回数を目的にしてしまうと、本来の目的に対して効率の悪い遠回りをしてしまうことになります。効率よく、短い時間で、少ない量で終わせるために、ダラダラせず1回1回の質を高めていきましょう。

質の低い１００回よりも質の高い10回です。仕事も同じですよね。ダラダラとやたらと時間の長い会議などは、長時間会議をすること自体が目的なんじゃないかと思ってしまいます。会議は短いほうがいい。立つスタイルの短時間集中型の会議を行う会社も増えてきましたよね。

まずは
快適に動ける体に。
朝の1分
体幹コア体操

運動を習慣化できない理由の一つに、「やってみたけどキツかった」「腰を痛めてしまった」などの事情もあるようです。体型維持や健康改善のための運動にチャレンジしたものの、体がついてこない。こういった方たちの体は、そもそも「運動できる」状態になかったのかもしれません。

筋トレなどの運動を習慣づけるうえで、まずは「大きく快適に動かせる体づくり」に取り組むといいでしょう。何の準備もしないでいきなり運動を始めても、無理がかかってしまいます。また動きの悪い体では日常からの動きもテキパキできず、快適に過ごせません。気持ちまでもが沈んでしまいます。

反対に、快適に動ける体になれば、日常の活動量も増えます。テキパキと動けるようになれば、運動をするのが億劫《おっくう》ではなくなります。むしろ、体を動かしたくなる気持ちが自然と芽生えます。

快適な体づくりのために、まず改善したいのは背骨周りの動きの改善です。デスクワークなどで猫背になり、背中が曲がった状態で固まっていると、体幹の背骨の関節の動きが悪くなってくるからです。普段から背骨周りをしっかりと動かせていないと、靭帯《じんたい》が固く変性して動きが悪くなり、周辺の筋肉が凝り固まりがちになります。

動きが悪くなると、そこに脂肪がつきやすくなるという厄介な問題もあります。「昔はこんなところに脂肪はついていなかったのに……」と思ったことはないでしょうか。腰周りや背中を鏡で見て驚いたという方もいるかと思います。中年になると腰周りや背中に脂肪がつきやすくなるのは、背骨周りの動きが悪くなっていることも関係していると考えられます。

また、手足の根元に位置する肩甲骨や股関節もしっかり動かせるようになりたいところです。手足の土台の体幹、手足の根元の肩甲骨・股関節を合わせて、体の芯という意味で「コア」と呼びます。運動だけでなく、日常生活においてもコアをしなやかな状態にしておくことはとても大事です。

そこでおすすめなのが、あの「ラジオ体操」です。「前屈と後屈」「横に曲げる側屈」「左右に捻《ひね》る旋回」。この3種目が効果的です。ただ、やみくもにやっても高い効果は得られません。一つずつの動きをゆっくりと丁寧に行うことがポイントです。

背骨周りを中心に肩甲骨、股関節を大きく動かして、快適に動ける体をつくっていきましょう。

この体幹コア体操は3種目全部行ってもたった1分程度。おすすめの時間は朝です。朝に行って、快適に動ける体をつくれば、その後一日を活発に過ごしやすくなるはず。

一日元気に体を動かすための基礎づくりとして、明日の朝から始めてみてください。具体的なやり方は次章で詳しく解説します。

コラム
3
「腹筋は高回数で」は都市伝説

「腹筋は遅筋（速度が遅くて持久力に優れた筋肉）が多く持久力のある筋肉だから、たくさんの回数を反復して鍛えるのがよい」と昔からよく言われます。この理論から、部活で腹筋100回をやらされた方も多いと思います。「辛い思いをすることに意義がある」という、よくわからない価値観の後押しもそこにはありそうです。

しかし、実際には腹直筋の「速筋：遅筋」比率の解剖データは「5：5」程度で、**他の部位と比べて特別に遅筋が多いわけではありません**。持久力に関係するミトコンドリアの数が多かったり、毛細血管の密度が特別に高かったりということもありません。

腹直筋のトレーニングも他の筋肉と同様に、「10回程度で限界になる負荷を用いて、反復できなくなるまで繰り返す」ことが推奨されます。ボディビルダーの間でも、腹筋を肥大させる目的で行う場合は10回程度で追い込む方法がよく用いられます。

腹筋100回といったやり方でも筋肉はつきますが、とても効率が悪いです。100回するために、要領よくラクに上げる方法にしてしまうので効果も下がります。**しごき道場ではないのですから、効率よく最大の効果を狙いましょう。**

本書で紹介する腹筋のエクササイズは、しっかり行えば自重でも10～15回程度でオールアウト（あと1回もできない）できるように、10～15回で腹筋が悲鳴を上げられる方法にしてあります。目的はたくさんの回数を行うことではありません。筋肉を大きく強く発達させることです。回数はそのための手段であって、それ自体が目的ではないのです。

なお、腹筋をたくさんやればお腹周りの脂肪が選択的に落ちるかというと、多少の効果はありますが、大きくは見込めません。筋肉は血中を流れる「遊離脂肪酸」を使うので、お腹の筋肉がお腹の脂肪を直接使うわけではないからです。お腹痩せには、まずは全身的に痩せる必要があります。

お腹痩せには、普段から背すじを伸ばしたよい姿勢を維持することが有効かもしれません。腹筋群、背筋群を使って姿勢を支えていれば、お腹周りの脂肪が多少は優先的に使われやすくなります。よく使われる部位の脂肪は分解されやすいからです。

なお、腹直筋には内臓を支える働きもあります。腹直筋が弱いと内臓が支えられず、下腹がポコッと出てしまいます。腹筋を強化して、内臓下垂《かすい》を抑えることもお腹をへこませることに役立ちます。

コラム 4

関節は消耗品。負担を軽減する工夫を

「筋肉」は鍛えれば何歳からでも強くなります。「骨」も運動で負荷をかければ何歳からでも強くなり、骨密度は上がります。「鍛えていればいつまでも元気で若々しく」いられます。しかしこういった話は、残念ながら「関節」には当てはまりません。これは、運動をよくしている人が陥りがちな典型的な落とし穴と言えます。

関節は消耗しやすい部位です。関節内には血管がほとんど走っていないため新陳代謝が悪く、回復能力に乏しいからです。酷使すると回復が追いつきません。鍛えても強くならないどころか、消耗が激しくなるばかり。**関節は「消耗品」なのです。大切に使わなければいけません。**

もっともよく行われる有酸素運動といえばジョギングですが、実はジョギングも関節には要注意の運動です。着地の衝撃がかなり強い、ハイインパクトな運動だからです。ジョギングを週60分以上行っている人では、週15分未満の人に比べて、膝関節の骨棘《こっきょく》（変形性膝関節症の診断指標の一つ）が形成されている人の割合が、3・5倍もあったという研究報告もあります。

　膝や足首などの関節への負担が大きくなるので、負担を軽減する必要があります。靴は底の厚い、衝撃吸収性のよいものを選ぶように。走る場所も、可能であればアスファルトよりも柔らかい土や芝生の上、またはランニングマシンを利用しましょう。下り坂は飛ばさず、ゆっくり走るように。ジグザグ走行をすれば傾斜をゆるくすることができます。ただし、車や自転車など周りの交通状況に十分気をつけて。

　また、痛みがあれば絶対に無理をしないように。ジョギングをこれから始めるという人はいきなり長距離を走らずに、短い距離をゆっくりとしたスピードから始め、徐々に体や関節を慣らしていくことも重要です。水泳や自転車などのローインパクトな運動に一部切り替えて、ジョギングによる負担を減らすというやり方もあります。

第4章

体を快適にする筋トレとストレッチ

「明日やろう」の「明日」はこない

講演などで筋トレの重要性のお話をさせていただくと、「筋肉の大切さがよくわかりました。明日から筋トレ始めます！」と言いにきてくださる方がいらっしゃいます。そのときはいつも「ありがとうございます。でも、明日ではなく今日から始めてくださいね」と答えています。

「明日やろう」。そう言う人の多くは、きっと明日も同じことを言っています。「明日やろう」の「明日」は永遠にやってきません。やらない人ほど、できない理由を探すのが上手ですしね。

筋トレに「明日からやろう」という選択肢はありません。今すぐ、今日から始めてください。いつやるか？「今でしょ！」です。

始めてしまえば、すぐにできてしまうものです。特に筋トレは短時間集中で成果が出せます。ダラダラやるから辛いんです。先にも書きましたが、やろうか？どうしようか？　その迷っている時間がもったいない。

体づくりだけではありません。仕事でもプライベートでも同じです。迷っているあいだに始めてしまいましょう。

部屋を片づけようと思いながらも何週間も放置して、いざ片づけ始めたら1〜2時間ほどできれいになった。そんな経験をした方は多いと思います。

行動しなければ始まりません。色々なことをして充実の時間を過ごしても1年経つし、何もしなくても同じく1年は過ぎていきます。

移動時間・着替え時間ゼロ。家トレは最強の時短トレ

さあ、ここからは筋トレ「実践編」です。筋肉をつけるには、しっかりとした筋トレをしなければいけません。筋トレはボディメイクの王道と言える方法です。

筋トレはジムで行うもの、といったイメージを持っている方は多いと思います。また、自宅で筋トレをするにしても、ダンベルやバーベルなどの器具を買いそろえなければいけないと思われているかもしれません。

確かに、器具を使った筋トレは優れています。細かい負荷の調整ができますし、できる種目も多種多様です。スポーツ選手やボディビルダーのように本格的に鍛えたい人は、ダンベルやバーベル、マシンなどの設備が必要です。

でも、**工夫すれば自重でもかなり刺激の強い筋トレにすることは可能です。フォームの調整で負荷も変えられます。**

何よりも自宅の自重トレは最強の時短トレになります。移動時間も道具の準備時間も着替えの時間もいりません。始めようと思った1秒後には筋肉を追い込み始めることができます。やろうと思ったそのときに0秒で始められるのです。

「運動したくても時間がない」とは言わせません。なお、本当に5分の運動時間さえ取れないというほど多忙な人は、めったにいません。それは、時間がないというよりも、運動の時間を確保しようという「気持ちのゆとり」がないのでしょう。**筋トレは短時間集中。始めてしまえばわずか5分ほどでも十分に追い込んでトレーニングを終えられます。**時間がないと言わずに始めてしまってください。始めるときは、やろうかどうしようかと迷う時間はなしにしてください。そのタイムロスはすごく無駄です。せっかく準備や移動時間がゼロなのに、迷っている時間でそのメリットが帳消しになってしまいます。もったいないですよね。

フォームを守った
うえで
オールアウトまで
追い込む

腕立て伏せなどの自重トレは回数をこなしたくて、ごまかした動きになりがちです。そこを改善するだけでもかなり違います。自重だからって甘くみないでください。工夫次第で筋肉を充分に刺激できます。

きちんと強い刺激を筋肉に与えられるフォームを守ったうえで、回数を伸ばすようにしましょう。そのような方法でオールアウトまで追い込んでください。オールアウトとは「もうこれ以上、1回もできない」というところまで追い込むことです。

色々な条件で研究が行われていますが、スタンダードとしては10回程度でオールアウトする負荷で行う方法が効果の高いことが古くからの研究でわかっています。ただし、しっかりと「限界まで」行えば、もっと負荷を小さくして回数が増えても同様の効果が得られることが近年の研究でわかってきました。

負荷が小さめで回数の多い条件としては、30回オールアウトでも高い筋肥大効果が得られることが確かめられています。ただし、あまりに回数が多いと精神的な負担が大きくなります。しっかりと限界まで追い込むのが困難になりますし、時間もかかります。

そのあたりを考慮すると、**「10回から20回くらいの範囲でオールアウトまで繰り返す」**ことが実質としては適切な条件と言えそうです。

動作は速く動いて勢いや反動でごまかさないように、ややゆっくりと丁寧に行います。特に下ろす動作は雑になりがちなので「より丁寧に」を意識します。「1秒上げ2秒下ろし、で丁寧に」を標準としてください。

この方法でしっかり取り組めば必ず成果が出ます。「必ず成果が出る」というのはやりがいがあるし、楽しいものです。では、さっそく始めましょう。

【腕立て伏せ】胸がつかないやり方では腕立て伏せかけ（図4・5）

誰もが行ったことがある腕立て伏せですが、丁寧な動作でしっかり行えば、意外と何回もできないものです。「30回くらいできないの?」と言っている学生にきちっとしたフォームでやってもらったら、5回しかできませんでした。

しっかり行うためのポイントは三つ。一つは胸が床につくまで深く下ろすことです。腕立て「伏せ」ですからね。伏せる姿勢まで体を下ろします。胸がつかない腕立て伏せは「腕立て伏せかけ」ですよ。

深く下ろせば胸の筋肉も腕の筋肉も大きく伸ばされます。**筋肉は伸ばされたポジションで動作するほど激しい筋肉痛を起こします**。また、深く下りているときほど強い力が筋肉にかかります。上下動する力学的仕事量も増えてパンプアップが強く起こります。

なお、胸がつく前にお腹がついてしまう場合は少し腰を上げ気味にしてください。深く下ろしやすくなります。

二つ目は体をまっすぐにキープすることです。お尻を下げて腰から上だけを上げ下げしてごまかさないように。腰を上げ気味にすることは、このごまかしができなくなる点でも○です。

なお、腰を落とさずに体をまっすぐにキープしての腕立て伏せは、同時に体幹トレーニングのフロントプランクもできていることになります。体幹を安定させる練習にもなるのです。

三つ目は手幅です。肩幅強から1・5倍弱くらいにとります。わりと狭めの手幅です。こうすると動作範囲全体を通して一定の強い負荷が筋肉にかかります。動作範囲が大きく、筋肉をしっかり伸ばせます。上下動が大きく力学的仕事量も増えます。**手幅一つでも効果に違いがある**のです。

これらをふまえたしっかりとしたフォームで、まずは目標15回。20回以上できるようになったら、レベルアップとしてイスに両脚を置いて、角度をつけてやってみましょう。10回できない場合は無理をせず、膝をついたレベルダウンの方法から始めてください。

図4 腕立て伏せ〈スタンダード〉

① 肩幅強から1・5倍弱の狭めの手幅で手をつく
② 胸が床につくまでしっかり深く下ろす。2秒下ろし、1秒上げ。体はまっすぐにしたままで、腰を落さないように。10〜20回を目安に、これをできなくなるまで繰り返す

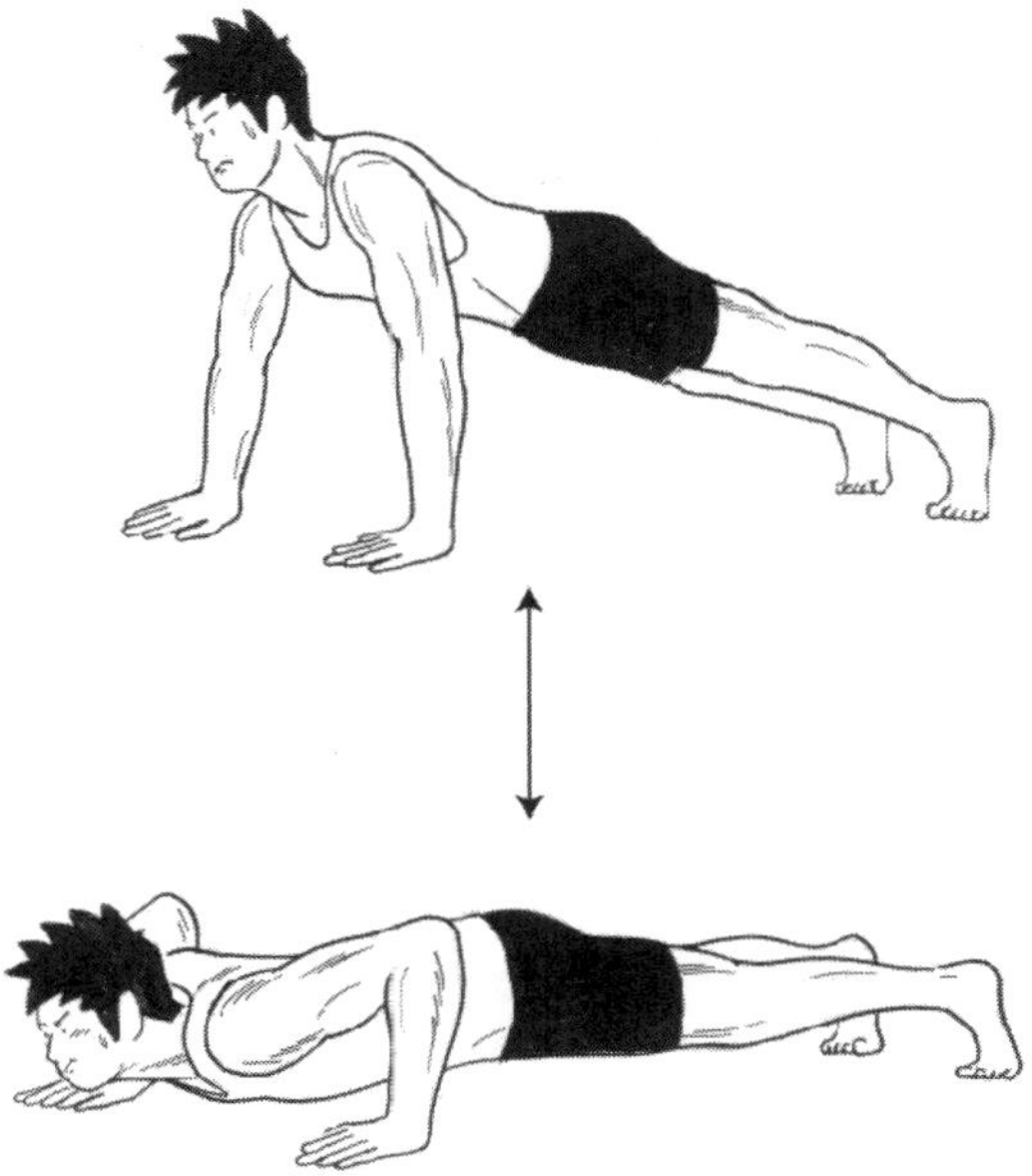

図5 腕立て伏せ〈レベルダウン〉

膝を床について行う。膝の下にはタオルなどを敷いておく。しっかりと胸が床につくまで下ろすように。20回できるようになったら膝を伸ばしてスタンダードのフォームでやってみよう

〈レベルアップ〉

イスなどに足を置いて行う。腰が落ちないように気をつけて。スタンダードで20回以上できるようになったら挑戦してみよう。ただし、背伸びをして動きをごまかさないように。回数よりも正確なフォームで行うことを重視して

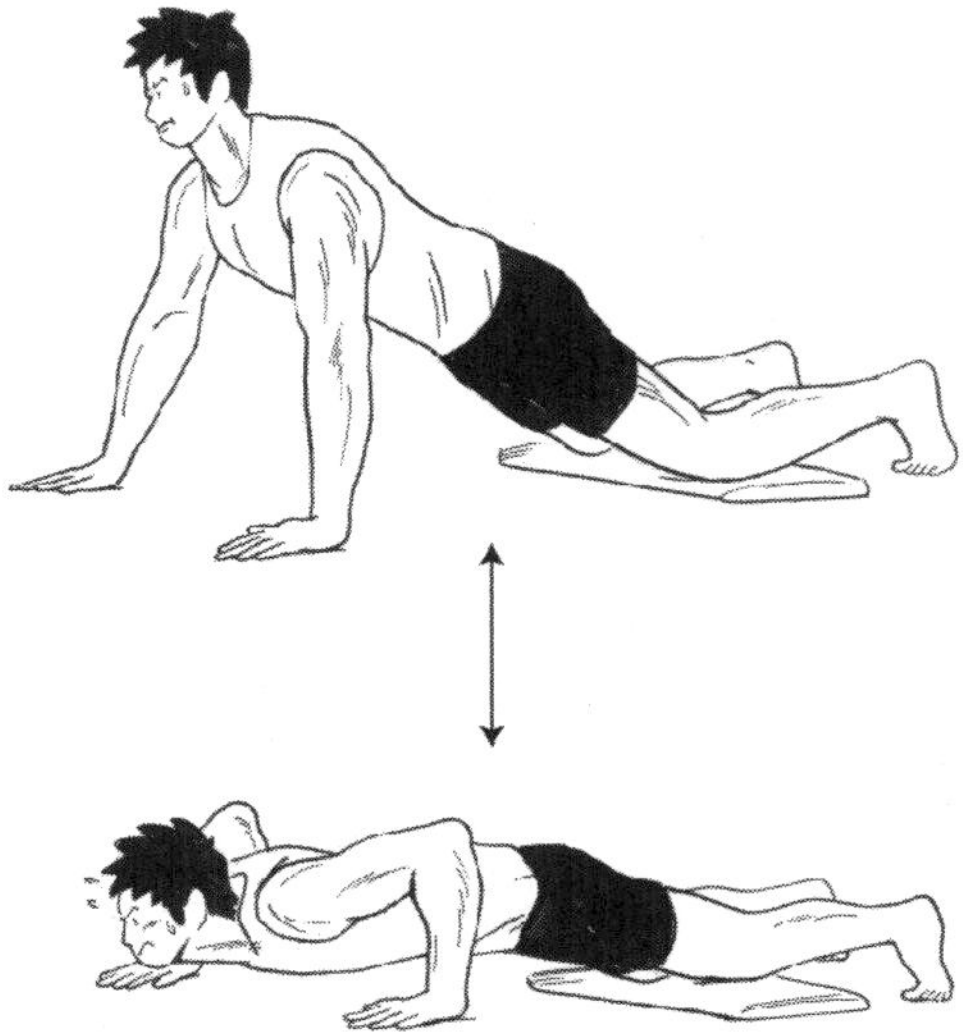

【スクワット】浅いスクワットは浅はかなスクワット（図6・7）

スクワットで大事なのは「深く」しゃがむことです。よく「太ももが床と平行になるまで」と言いますが、それはバーベルを担いで荷重している場合の話です。深くしゃがむと若干腰が丸まるので、バーベルを担ぐ場合は腰が危ないのです。

ただし、自重の場合はバーベルの荷重がないのでもっと深く下ろして大丈夫です。しっかりと深くしゃがみましょう。浅いスクワットは浅はかなスクワットですよ。

深くしゃがむほど筋肉がより大きく伸ばされますが、そのメリットは腕立て伏せでも説明した通りです。筋肉痛を生じる刺激がしっかり与えられ、大きな動作範囲で強い力がかかるのでパンプアップも強くなります。

フォームですが、**お辞儀をしながらお尻を後ろに引いて、イスに腰かけるようにしゃがんで立ちます**。こうすると膝は自然に下がります。

スクワットは「膝の曲げ伸ばし」というイメージがあるためか、上体をまっすぐに立てたましゃがむ人が多くいます。膝が前に突き出た、膝の痛くなるフォームです。

普通にしゃがむときは、前傾してお尻を引きながらしゃがむものです。また、イスや床から立ち上がるときに、膝が前に出るということはありません。ですから、本来はスクワットのフォームは簡単なはずなんです。

動作中、背すじはしっかり伸ばしておきます。ただし、深くしゃがんだところでは前述の通り腰が丸まりやすくなります。そのときは膝を少し外に開くと股関節の動きが大きくなり、腰が丸まりにくくなります。ただし、腰や膝に痛みが出る場合は、痛みの出ない範囲の深さで行ってください。

図6 スクワット〈スタンダード〉

① 腰幅程度の足幅で立ち、背すじを伸ばす。両手は胸の前で組む
② お辞儀をするように前傾してお尻を引きながらしゃがんでいく。深く、しっかりとしゃがみこむ。２秒下げ、1秒上げくらいでややゆっくりと丁寧に動作する。10～20回を目安に、できなくなるまで繰り返す

〈レベルダウン〉

標準の方法を、机やシンクに手をついて補助しながら行う。手をついていいのでしっかり深くしゃがむこと

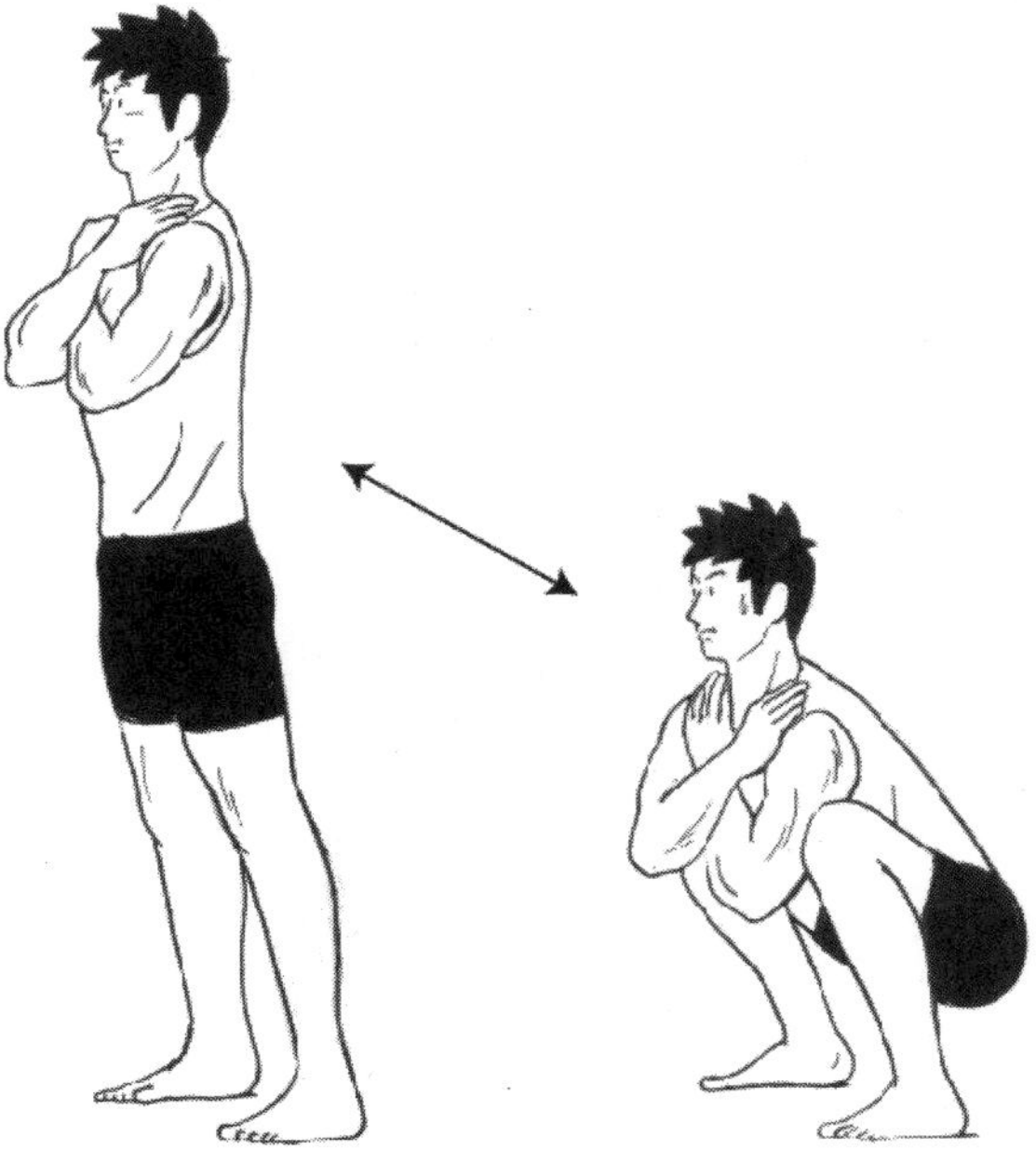

図7 スクワット〈レベルアップ〉

① 両手を腰にあてて立ち、片脚を後ろに引いていく背すじはしっかり伸ばしておく
② ほぼ前の脚だけに体重をかけて、極力前の脚だけでスクワットを行う。膝が胸につくまでしっかり深く下ろすこと。左右交互ではなく、同じ側をできなくなるまで連続で繰り返す

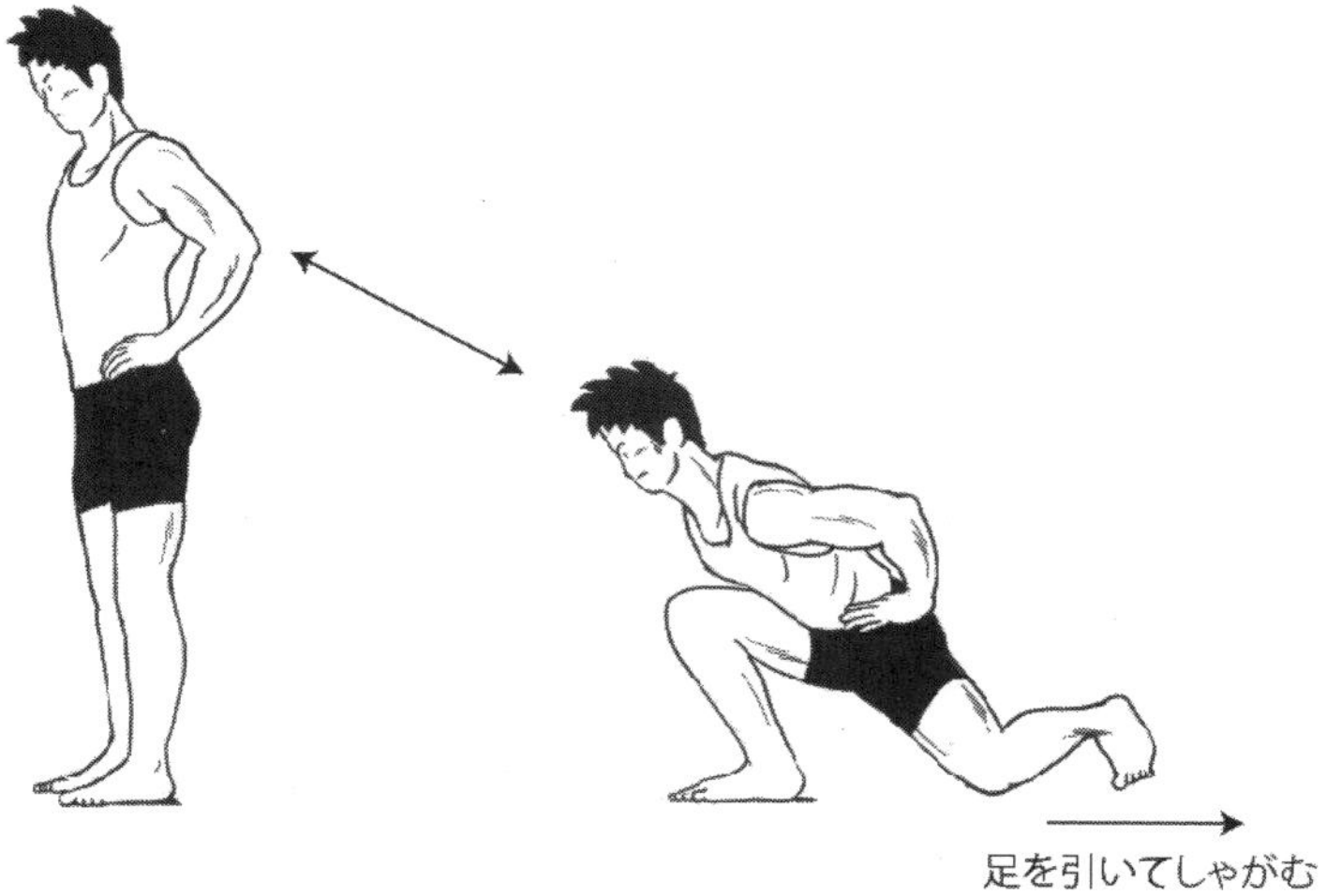

【タオルローイング】自分に甘えない気持ちの強さが試される（図8）

V字の逆三角形の背中をつくるためのトレーニングです。タオルを使い、脚で押し出す負荷に対して腕で引いていきます。自分で負荷をかけて行う筋トレを徒手抵抗トレーニングと言います。

負荷の大きさは自分次第です。ですから自分に甘えないのがポイントです。しっかり脚で強い負荷をかけ、**毎回〝全力〟で引いて〝全力〟で耐えながら戻します。**

負荷をかける脚が先に疲れてしまわないように、4回ずつ左右の脚を換えて行います。これを3セット。4回×3セットの計12回です。

かかる負荷は自分次第ですのでレベルダウン、レベルアップはありません。できる範囲の強さで行いましょう。

図8　タオルローイング

① イスに座り、タオルを片脚にかけて背中を丸めて腕を伸ばす
② 脚で強く抵抗をかけ、それに対して背中を反らしながら全力でタオルを引く。全力で耐えながら、脚でタオルを押して元の姿勢に戻る。1秒で全力で強く引いて、2秒で全力で耐えながら戻す

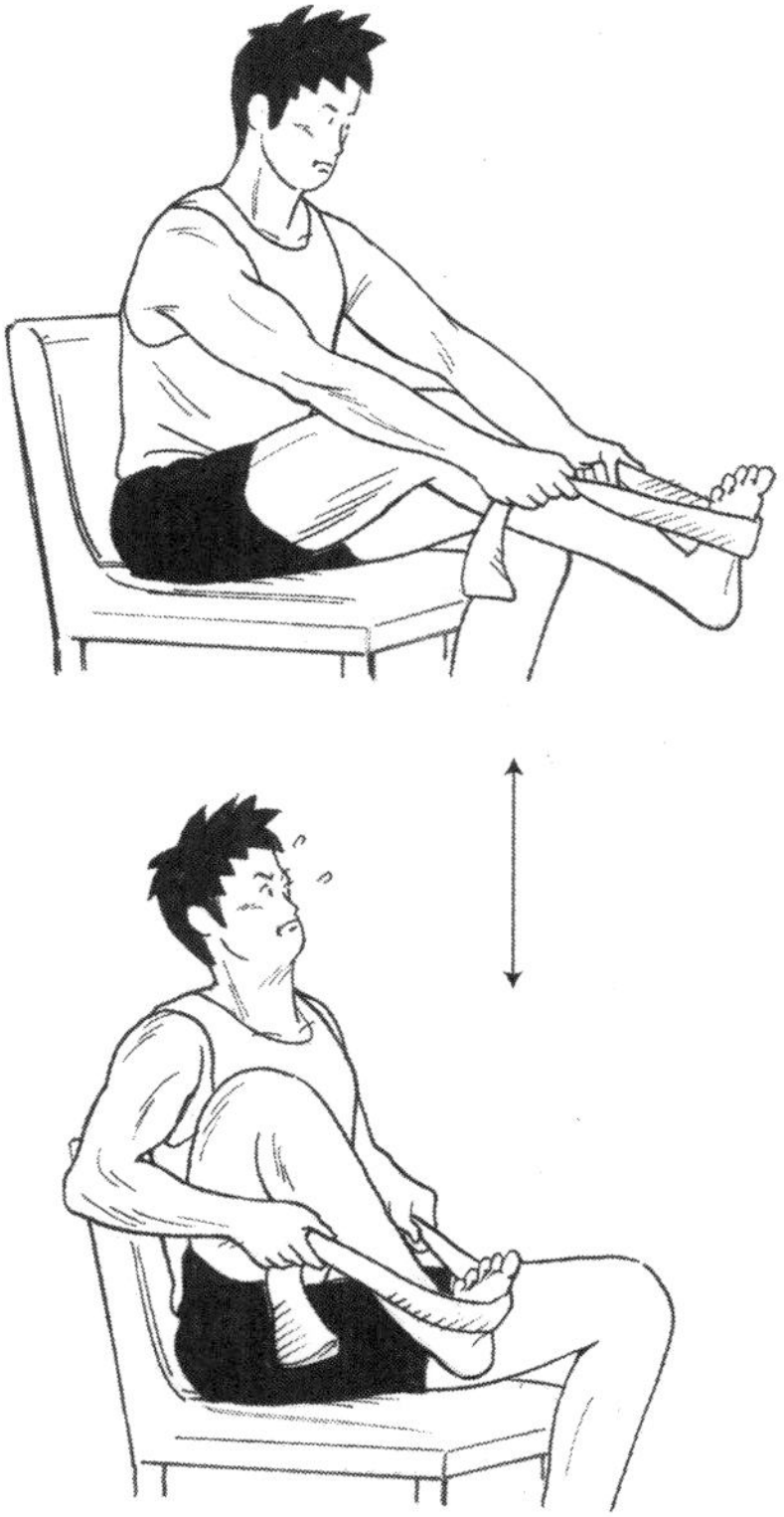

「キュー」と「ピシー」、言葉の力を借りて鍛える

「シャキッ！」と大きく声に出して言うと、身も心もシャキッとするものです。自然と背すじも伸びます。仕事中に集中力が途切れたとき、午後の睡魔に襲われたときなどに「シャキッ！」と声に出してみてください。「ハイ！」でもいいかもしれません。気持ちが引き締まる言葉というものはあるもので、「シャキッ！」「ハイ！」と声に出しながら、ダラ～とするのは難しいです。同様に、「ダラ～」と声に出しながら背すじを伸ばすのも難しいです。気持ちを引き締めることもできません。

本書で紹介する腹筋運動・背筋運動は、筋肉を短く短縮したところで強く収縮させる種目を採用しています。このような種目をコントラクト種目と言いますが、**筋肉を短縮させて上げ切るところで「キュー」と声に出すと、さらに「キュー」と筋肉を強く縮めることができます。**「キュー」と言いながら力を入れ切らないほうが、むしろ難しいくらいです。

また、「ピシー」と言えば、自然と背すじがピシッと伸びます。日常生活で姿勢が崩れていると感じたときに「ピシー」と発声してポーズを取れば、背すじが伸びてシャキッとします。背すじを伸ばした姿勢をつくる体幹トレーニングでは、この発声が役に立ちます。次に紹介するエクササイズは、そんな言葉の力を借りながら行います。しっかりと声を出してより効果の高い筋トレにしましょう。

【ニーアップクランチ】「キュー」と上げ切り、丁寧に下ろす（図9・10）

腹筋を構成している腹直筋は肋骨《ろっこつ》から骨盤まで一枚の筋肉でつながっています。体幹の上の方の胸椎《きょうつい》を曲げるクランチは腹直筋の上部に、体幹の下のほうの腰椎を曲げるレッグレイズ（足上げ腹筋）は腹直筋の下部に効くと言われますが、実際に筋電図を使った実験でもそのような結果が出ています。

クランチでは上部をしっかり鍛えられますが下部への刺激は不十分。レッグレイズはその逆になります。そこで、腰椎から胸椎まで全体を曲げる動きで、下部も上部も同時にしっかり鍛えられる方法としてニーアップクランチをおすすめします。

ニーアップクランチは、**みぞおちから胸椎を丸め上げるクランチの動きに加えて、お尻を上げて腰椎を曲げる動きも行います。**「キュー」と言いながら腹直筋全体を縮めていきましょう。

図9 ニーアップクランチ〈スタンダード〉

① 床に寝て、膝を曲げて脚を上げる。両手は耳の横に置く
② 「キュー」と言いながら、みぞおちからできるだけ高く丸め上げ、同時に膝を抱えてお尻をしっかり浮かせる。お尻を下ろしながら、頭と肩を床につく手前で丁寧に下ろす。1秒上げ、2秒下ろし。下ろしたときは肩を床につけて脱力しない。10 ～ 15回。毎回できるだけ高くキューと上げ切る

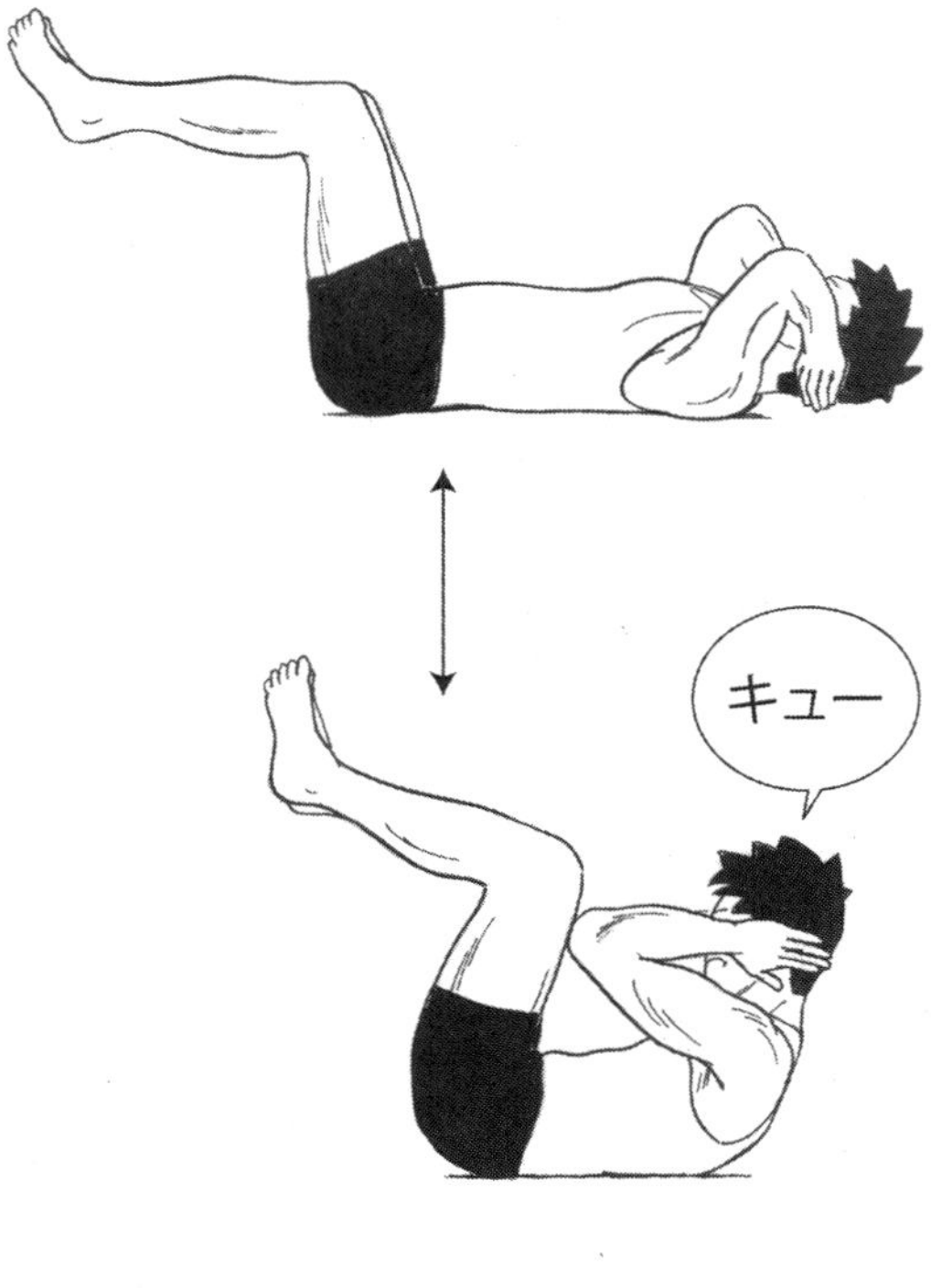

図10 ニーアップクランチ〈レベルダウン〉

基本的には上がり切れる高さでレベル調整するので、レベルアップ・ダウンでもやり方は同じ。手を下に下ろして行えば、上げるための負荷が下がりレベルダウンの方法として行いやすい

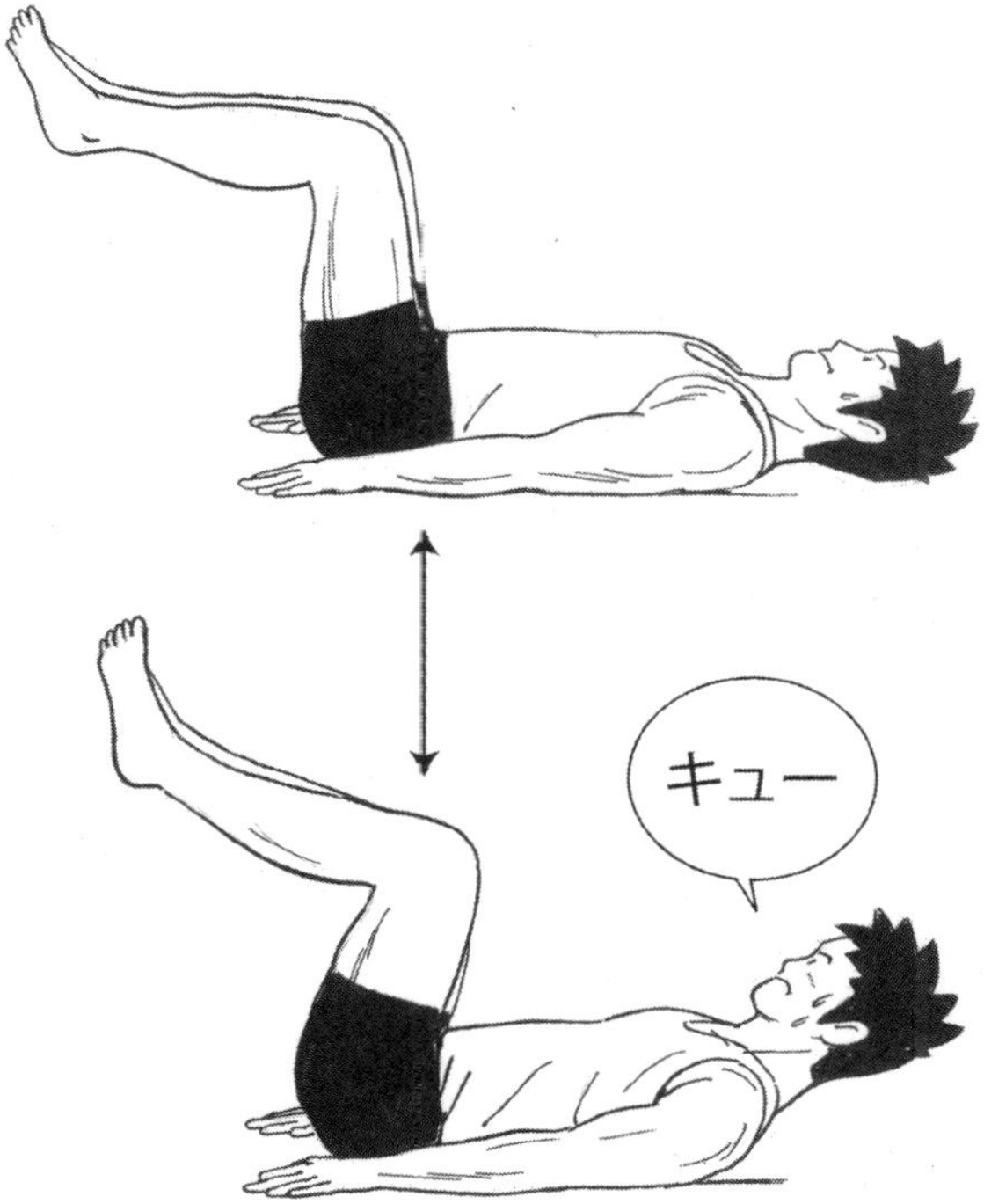

【スーパーマン】ゆっくり丁寧に全身を反らせる（図11・12・13）

背面全体を鍛えるエクササイズです。腹筋のニーアップクランチ同様に「キュー」と声を出してできるだけしっかり高く体を反らせていきます。ただし背骨周りはデリケートな部位なので、上げる動作も少しゆっくり丁寧に行います。この種目は2秒上げ2秒下ろしで、ややじっくりと行ってください。

図11 スーパーマン〈スタンダード〉

① うつ伏せになって万歳した姿勢をとる
② 「キュー」と言いながら背中を反らせて手足を高く上げて、下ろす。２秒上げ、２秒下ろし。下ろすときに手と脚は床につけず、この動作を繰り返す

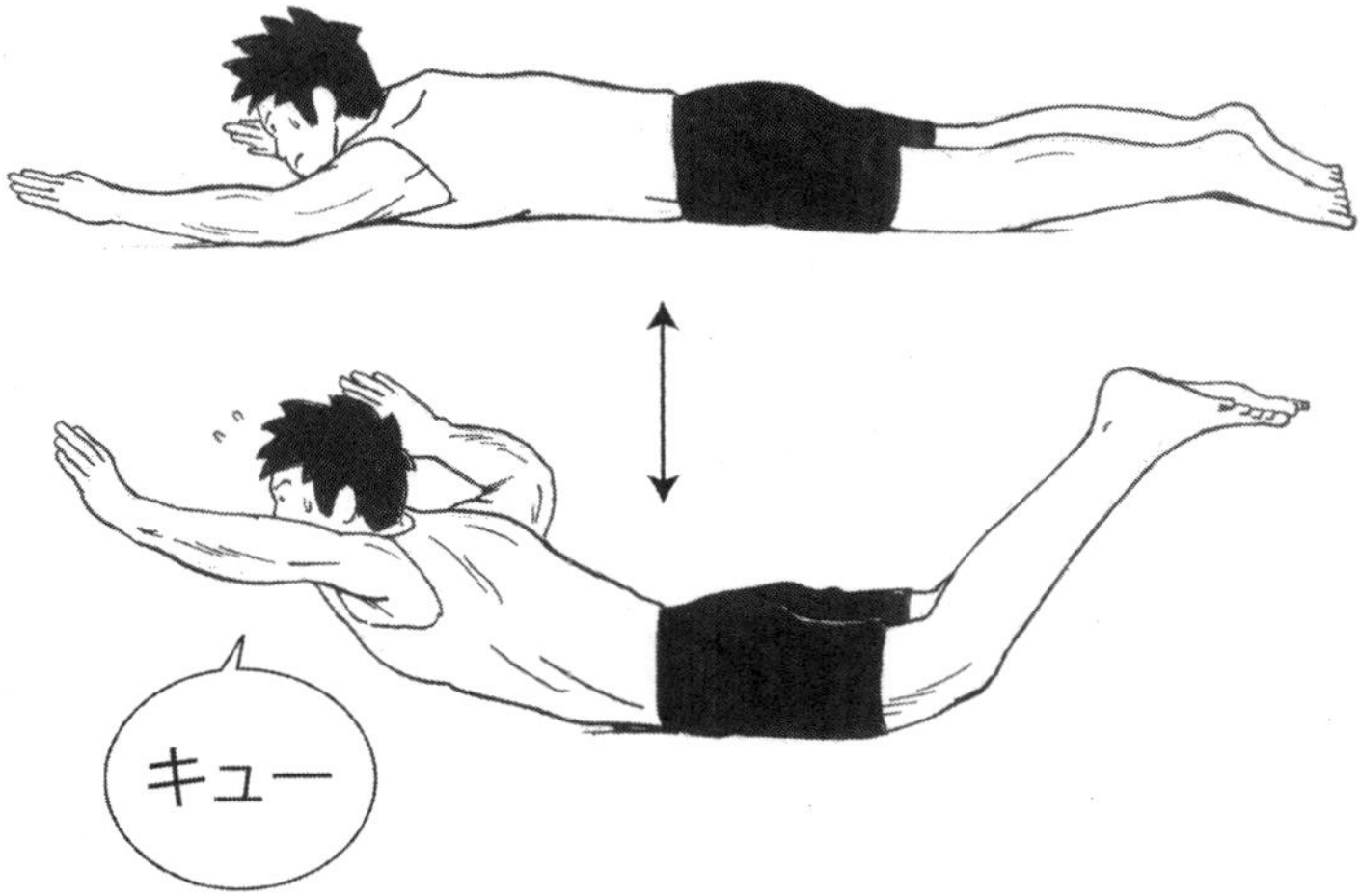

図12 スーパーマン〈レベルダウン〉

基本的には上がり切れる高さでレベル調整するのでレベルアップ・ダウンでもやり方は同じ。手を下に下ろして行えば上げるための負荷が下がり、レベルダウンの方法として行いやすい

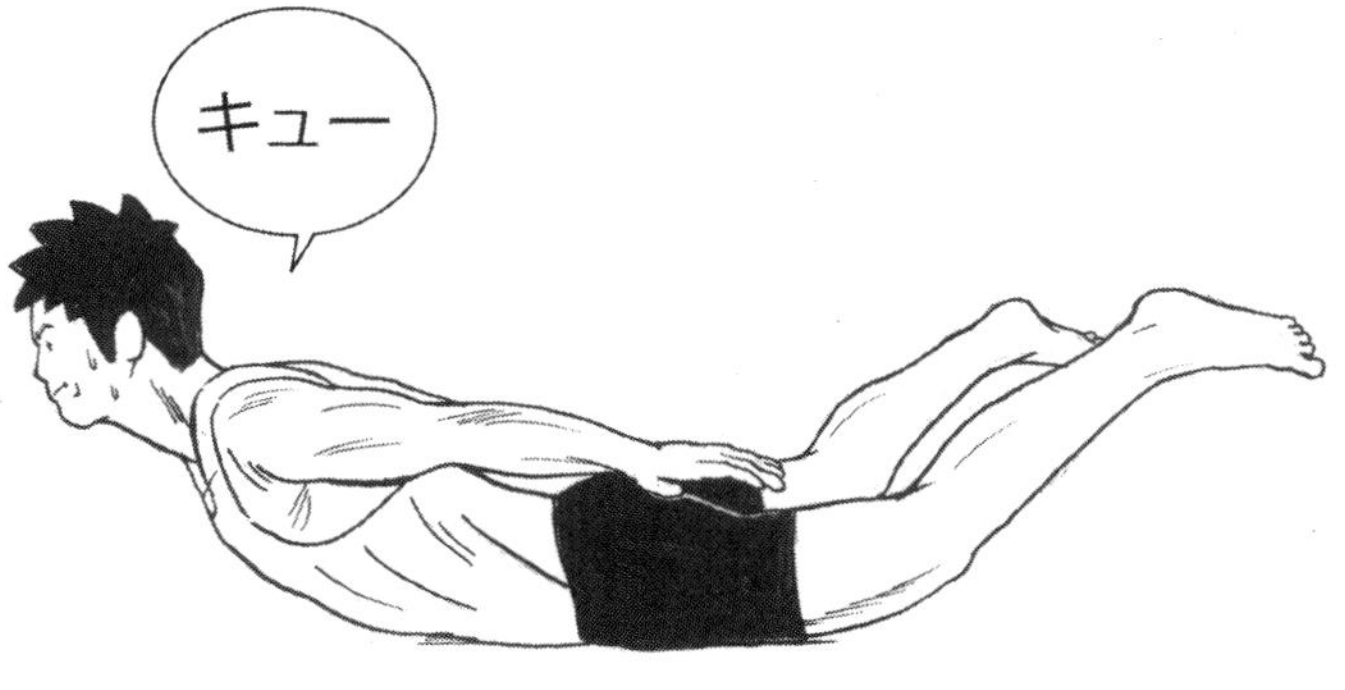

図13 体幹トレーニングのペンギンポーズ

ピシーと背すじの伸びた姿勢をつくる体幹トレーニング。背筋群を鍛えて強くする筋トレのスーパーマンと合わせて行ってもいいでしょう。うつ伏せで手を下し、顎《あご》を引いて胸を床から少し浮かせて「ピシー」と言いながら10秒間キープ。背すじの伸びたよい姿勢をイメージして行う

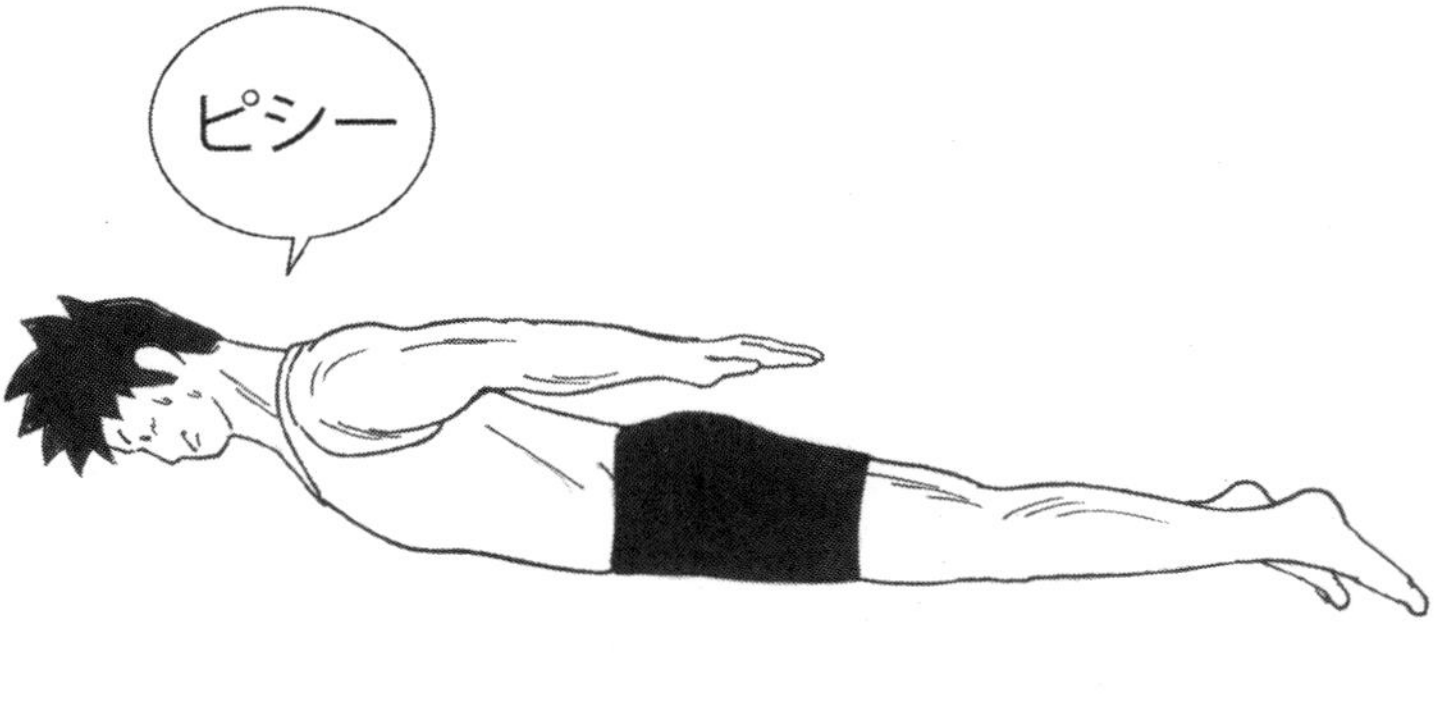

具体的な進め方、メニューの組み方について

自重筋トレのメニューは5種目で構成されますので、これをAとBの二つに分けて実践しましょう。「スクワット＋腕立て伏せ」（Aメニュー）と「タオルロウイング＋ニーアップ＋スーパーマン」（Bメニュー）の2分割で進めていきます。

体幹トレーニングのペンギンポーズは筋トレではありませんので、いつ行っても結構です。たった10秒のことですから、ピシーとしたきれいな姿勢を覚えるために気づいたときに行ってください。背筋群の筋トレのスーパーマンを行ったあとに行ってもいいでしょう。

Aメニューのスクワットと腕立て伏せはインターバルを入れずに、もしくは10秒ほどの短いインターバルで連続して行います。これを1周、できれば2周行いましょう。時間にすれば、**1周なら2分、2周でも5分ほどあれば終わります。**

2周の場合は、スクワットを限界までやったら腕立て伏せを限界まで。続いてまたスクワット、腕立て伏せと行います。毎回しっかり限界まで行えば、3周目はできないと思います。**2周で、『あしたのジョー』（講談社）の矢吹丈が最後に真っ白な灰になったときのように燃え尽きてください。**

ペース配分をしないで毎セット全力で追い込みます。「3周目ができない2周」を行いましょう。「2周しかできない」という気持ちで取り組んでください。

Bメニューは、タオルロウイング、ニーアップクランチ、スーパーマンの3種目を同様に連続で1周、できれば2周行います。これも所要時間は5分程度です。**この5分間で力を出し切ってください。**

1週間の頻度は、筋トレ後の炎症反応が収まるまでの時間や実際の効果の比較研究から考えると、同じ部位の筋トレは週に2〜3回程度が理想的と言えます。

ただし、筋トレの理想頻度は筋トレのやり方によって異なります。週2〜3回とは、筋トレ後の回復に丸2日かかるくらい「きっちり追い込んだ場合」、という条件付きの頻度です。

「週に2〜3回だけでいい」ではなく、**「週2〜3回しかできない」やり方をする**という意味です。同じ部位の筋トレ（同じメニュー）は翌日にはできないくらいの追い込み方をしてください。

次に、具体的な進め方の例を示します。自分に合うものを選んで実行してください。

〈週2回ずつ：休み休みで無理なくコース〉

月曜日：Aメニュー

火曜日：Bメニュー

水曜日：休み

木曜日：Aメニュー

金曜日：Bメニュー

土曜日：休み

日曜日：休み

〈週3回ずつ：日曜日以外毎日のみっちりコース〉

月曜日：Aメニュー

火曜日：Bメニュー

水曜日：Aメニュー

木曜日：Bメニュー

金曜日：Ａメニュー
土曜日：Ｂメニュー
日曜日：休み

〈週2・5回ずつ：3〜4日に1回休む週休2日コース〉

月曜日：Ａメニュー
火曜日：Ｂメニュー
水曜日：Ａメニュー
木曜日：休み
金曜日：Ｂメニュー
土曜日：Ａメニュー
日曜日：休み
（翌月曜日：Ｂメニューからスタート……と繰り返していく）

いつでも
どこでもできる
「すきまトレ」
「ながらトレ」

筋トレは工夫次第で、どこでも手軽に行うことができます。筋トレメニューのメインは先に挙げた自重の五つの基本種目ですが、日常生活のなかでもプラスアルファで実践が可能です。オフィスや家でのすきま時間や、「○○しながら」で実践できます。

こういった筋トレからは、常にチャンスを見つけて体を動かそうという意識も生まれます。このような意識が生まれると運動だけではなく、食事や飲酒、睡眠など**すべてにおいて常に体にポジティブなことを心がけるようになるはずです。**「意識高い系」に自然となれるのです。それは、仕事やプライベートの取り組みにも影響を与えると思います。

ここでは、自分の力で抵抗をかけて行う「徒手抵抗トレーニング」を中心に紹介します。すきま時間やながらで上半身を鍛えるのに徒手抵抗トレは適しています。時と場所を選ばずにでき、頑張り次第で強い負荷をしっかりかけることができます。私も会議中などに時々行っています。ポイントは**「自分に甘えずに毎回全力を出すこと」「丁寧に大きく動作すること」**の二つです。

徒手抵抗トレーニングは、かかる負荷が自分の力加減で決まります。自分では頑張っているつもりでも、力を出せていないことがあります。また、毎回の動き始めだけ強い力を出せていて、動作全体で頑張れていないこともよくあります。

毎回全力を出し切るつもりで行ってください。たかが10回程度のことですから。しっかり大きく動作して、動作範囲全般で頑張れるように意識してください。早く動くと動作が雑になり、抵抗も抜けてしまいがちです。片道1〜2秒程度で丁寧に行います。

上半身だけでなく、ふくらはぎ、上半身と下半身をつなぐインナーマッスルの大腰筋、スクワットでは鍛えにくいハムストリングを鍛えることも重要です。このあたりの種目もフォローしておきましょう。これは徒手抵抗ではなく自重負荷の方法を紹介します。

高齢になると、歩行の際の最後の蹴り出しが弱くなる傾向にあります。そのときに使うのがふくらはぎの筋肉です。歩行中の股関節、膝関節の力発揮は若者とあまり変わらないのですが、**最後のふくらはぎでの蹴り出しが弱くなるのです。**

脚を前に振り出す大腰筋も加齢で萎縮《いしゅく》が進みます。脚を前に出すのが弱くなり、歩行スピードが遅くなります。

脚を前に強く出さなくなると、膝がたたまれずに脚が前に出ていくことになります。運動神経悪い芸人の「ヒザ神」のようになるのです『アメトーーク』（テレビ朝日）内の企画「運動神経悪い芸人」で、膝を曲げないで運動するためロボットのような動きに見えるお笑いコンビ・フルーツポンチの村上健志《むらかみけんじ》さんの番組内での呼称」。膝が伸びたままではすり足のような脚運びになり、つまずきやすくなってしまいます。

「最近つまずきやすくなってきたな」と思う方は要注意ですよ。大腰筋の衰えによる「ヒザ神注意報」です。

筋肉の細胞が減少する30～40代になると、ロコモティブシンドローム（運動器症候群）対策も他人事ではありません。いつまでも自分の脚で歩けるよう、今のうちから日常的に鍛えておきましょう。

図14　徒手抵抗プレス

① 主に大胸筋に効くエクササイズ。手を合わせて両側から全力で押し合いながら、合わせた手のひらを左に大きく動かしていく
② 続いて全力で押し合いながら右へ大きく動かしていく。片道1〜2秒くらいで丁寧に。5往復したら2〜3秒休んでさらに5往復、計10往復行う。最後まで全力で

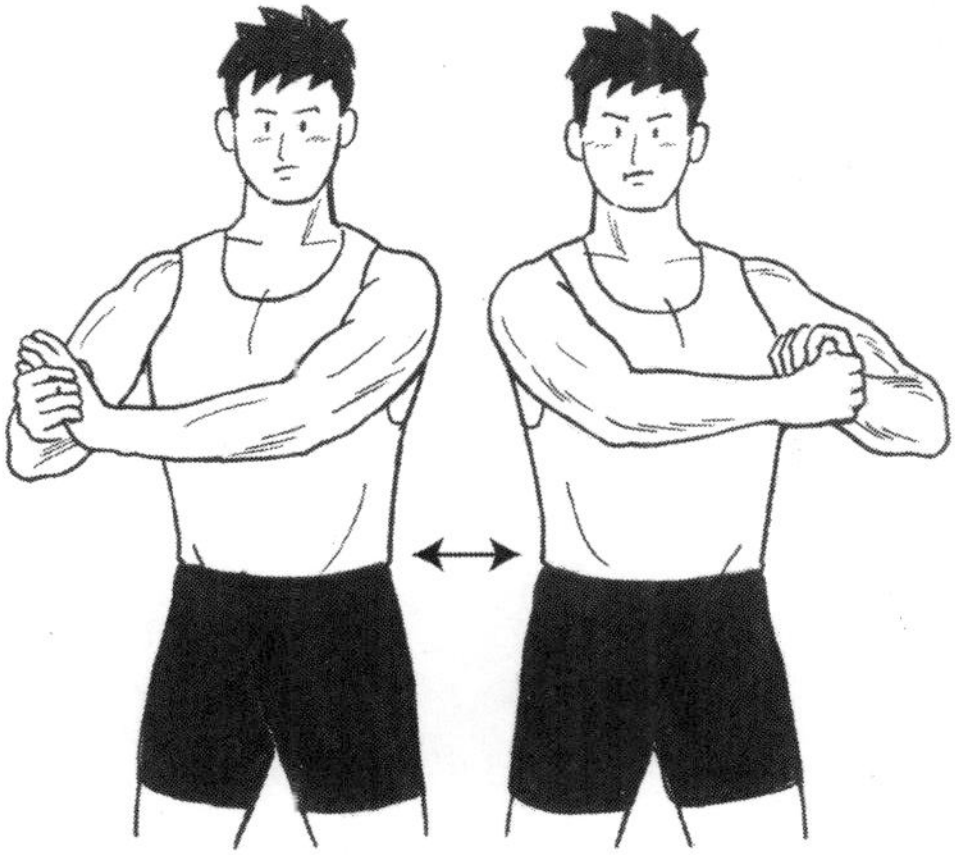

図15　徒手抵抗プル

① 両手の指を引っかけ、全力で引き合いながら左へ大きく動かしていく
② 反対側へも同様に全力で引いていく。片道1～2秒くらいで丁寧に。5往復したら手の上下を組み替えてさらに5往復、計10往復行う。最後まで全力で

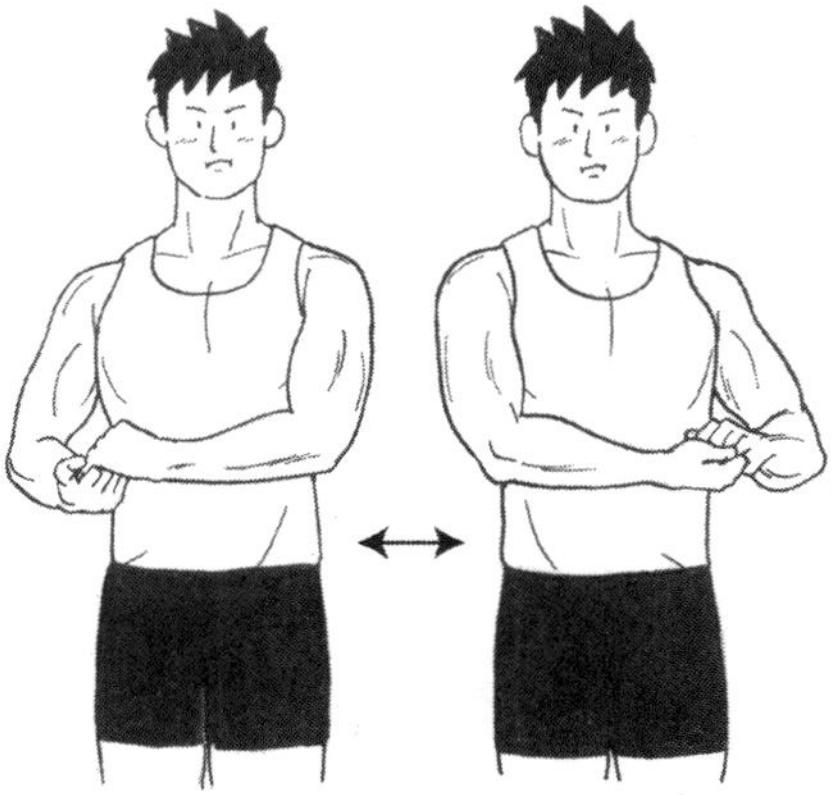

図16 徒手抵抗カール

① 反対の手で強く抵抗をかけながら、全力で肘を曲げていく
② 反対の手でかけている抵抗に曲げる力で「全力で耐えながら」、肘を伸ばしていく。片道1〜2秒くらいで丁寧に。5回行ったら2〜3秒休んでさらに5回、計10回行う。最後まで全力で

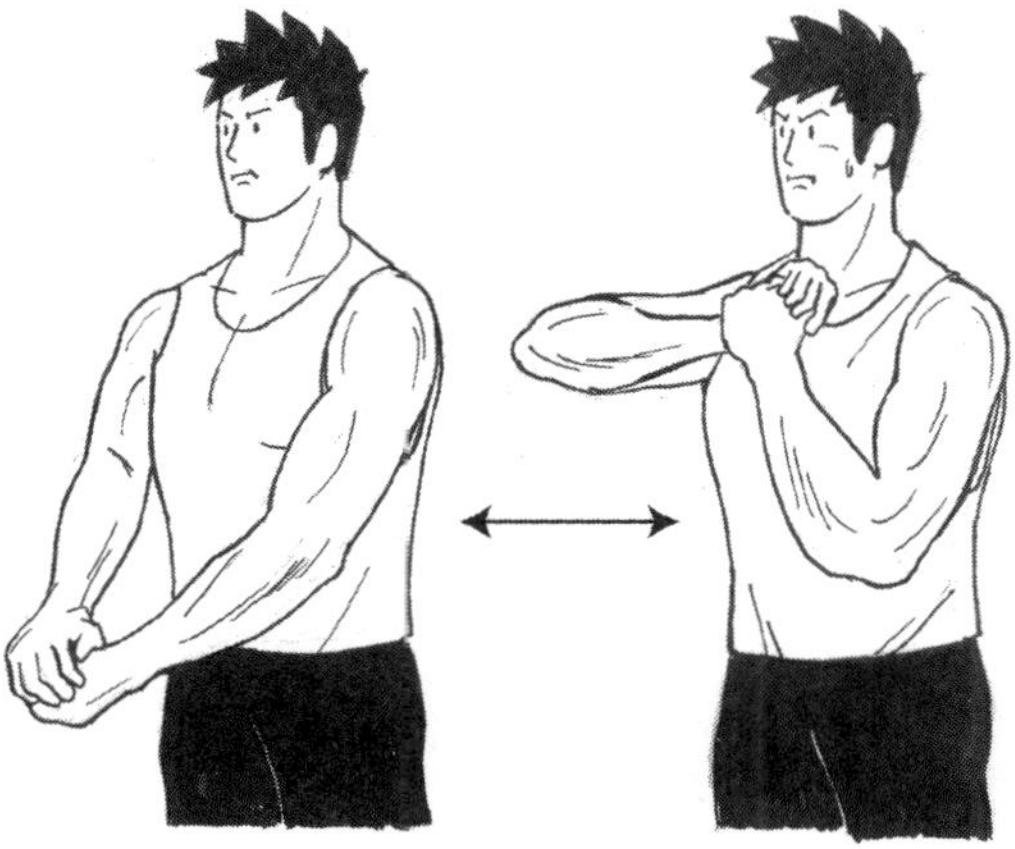

図17 カーフレイズ

壁に手を添え、親指側に体重をのせて1秒上げ、2秒下げくらいで丁寧にかかとを上げ下げする。段差を使って、しっかり下してふくらはぎをフルに伸ばしながら行うとよい。15～20回を目安に。できなくなったら、小指側に体重をのせてさらに5回行って追い込み切ろう。「ただいま」と帰ってきたときに玄関の段差で行うのがおすすめ

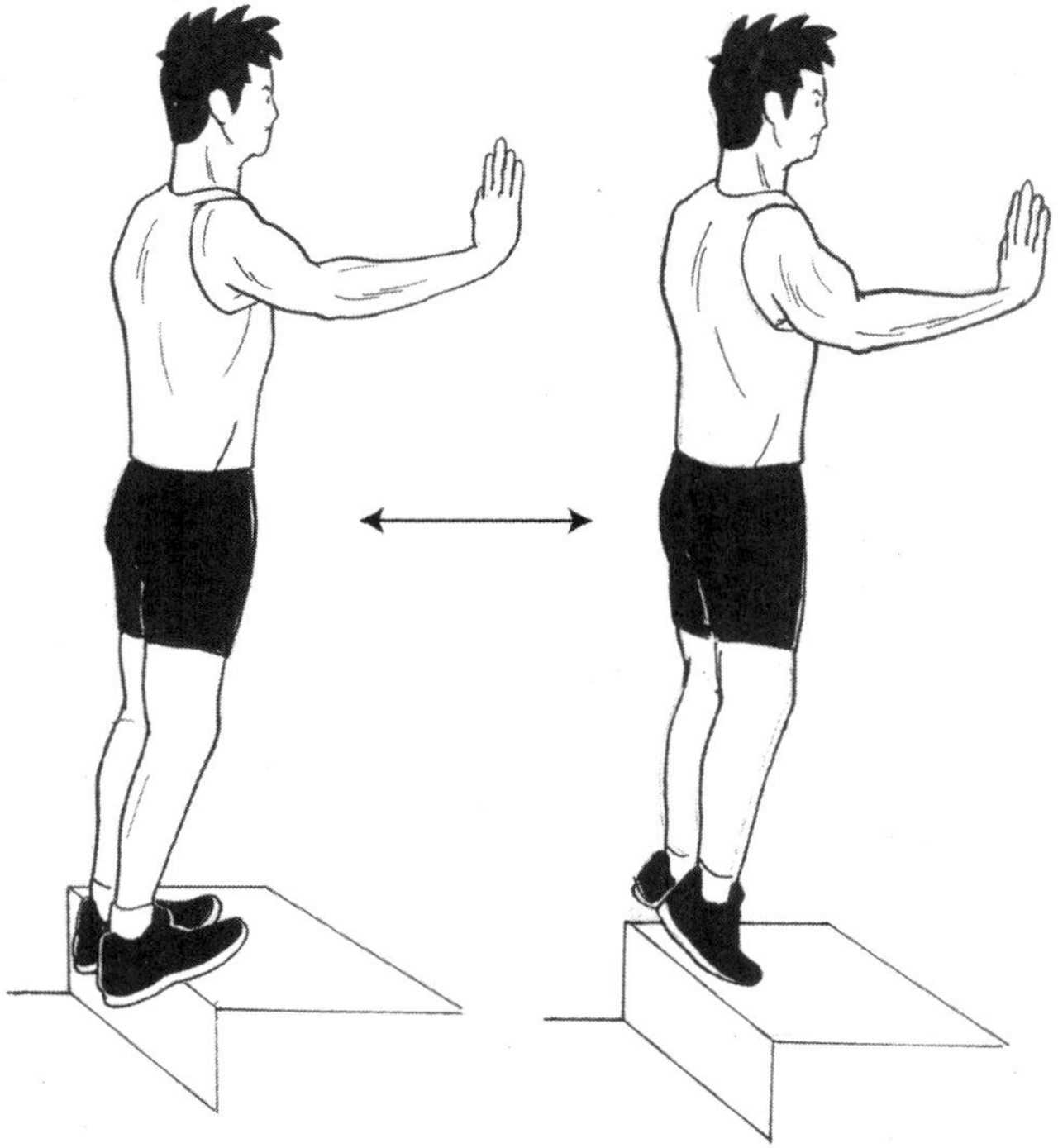

図18 ニーアップ

① 大腰筋と腹筋群に効くエクササイズ。イスは浅めに腰かけて、デスクに手を置いて体を固定する。家でソファに座っている場合、手はお尻の横に置く

② 両脚を揃え、1秒上げ、1秒下げくらいで膝を丁寧に上げ下げする。脚を下ろして床につけないように15～20回を目安に。仕事中にもできて、家でテレビを見ながらでも行える。「CMの間はニーアップ」という具合で取り入れてみよう

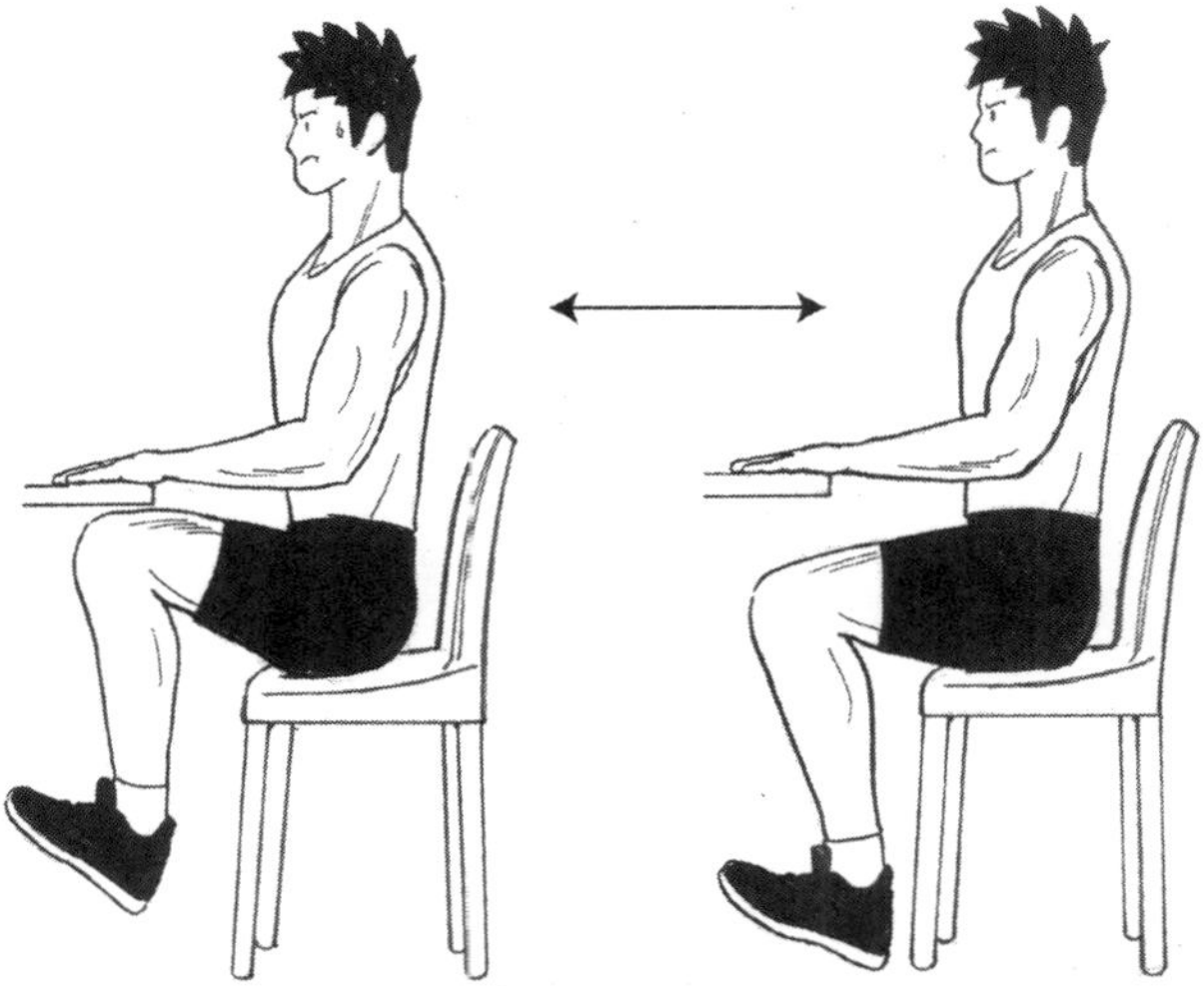

図19 ヒップリフト

① 仰向けに寝て膝を90度くらいに曲げて立てる
② キューと言いながらお尻できるだけ高く上げて下ろす。下でお尻がつかないように。1秒上げ、2秒下ろしくらいで。15～20回を目安に

お尻の種目として知られるが、ハムストリングにもかなり効く。ハムストリングはスクワットでは鍛えにくい部位。寝転んでできるので、「ながらトレ」に適している。負荷が足りない場合はイスやソファに脚を乗せて行うとよい。膝を曲げずに伸ばし気味で行うほど負荷が上がる。できる人は片脚でチャレンジ！

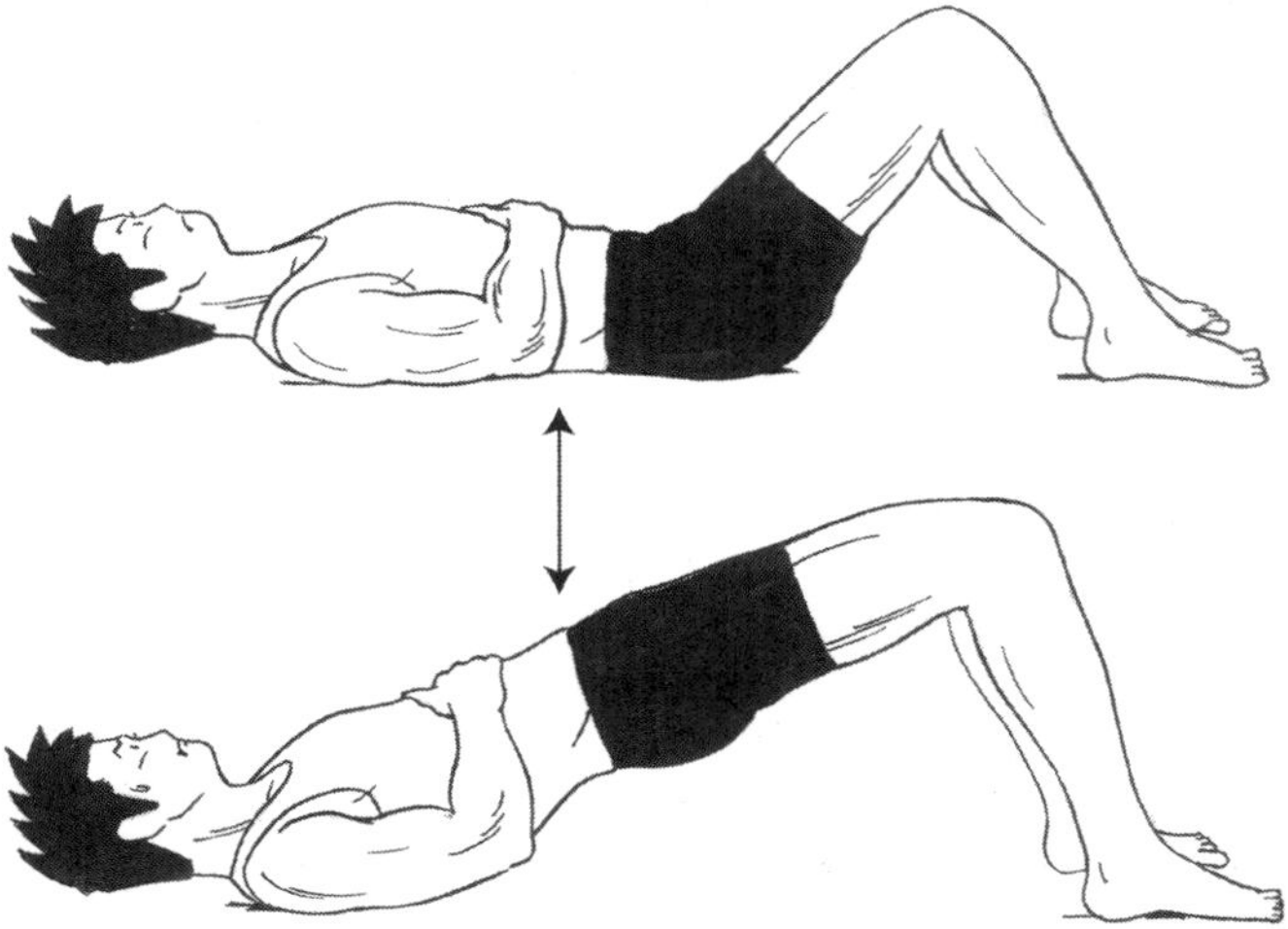

「よいしょ！」を有効に使おう！道路や階段もジムになる

日常生活のなかで最もエネルギー消費の大きい活動は「歩くこと」です。これを運動として活用しない手はありません。日常の歩行をちょっとした有酸素運動に変えてしまうのです。

おすすめは腕をしっかり振って歩くこと。とても手軽にできますが、それだけでもエクササイズ効果は高まります。

腕の振りは、右脚を前に出すときに左手を前に振るという具合に、脚とは反対に動きます。反対に腕を振る動きがその反作用で、脚のキック力を強めています。**腕の振りを強くすればするほど、反作用でキック力が増し、運動の強度が上がる**のです。

普段から大きく腕を振って、大股で歩く。歩くスピードも自然と上がります。ただ、このとき手提げのカバンでは、片腕がふさがるので、腕を振りにくくなります。**おすすめはリュックサック**です。今ではビジネスにも使えるおしゃれなものもたくさんあります（図20）。

普段の生活で、階段を積極的に使うこともとてもおすすめです。階段をホイホイ上るのに役立つ、ちょっとした体の動かし方のコツに「よいしょ！」で反動を使っ

図20 リュックをしょって腕振り歩き

た上り方があります。

筋肉・腱には、バネ作用があります。このバネ作用を生み出すのが「反動」を使った動きです。

階段を上るときは、上体をやや大きく前傾にすることで、前にかがむ動きが上る動きの反動になります。そして、**前傾から反動でバネを使う瞬間に「よいしょ！」と声を出すと上手に反動で強い力が出せます**（図21）。

「よいしょ！」で反動を上手に使って、階段をホイホイと上っていきましょう。踏み出した脚を着地するとき少し前かがみに上体を倒し、そこから「よいしょ！」と切りかえして、上体を起こしながら階段を上ります。

滑ったり転んだりしないように注意しながら、1段飛ばしで、上ることを習慣にしましょう。2段飛ばしにチャレンジしても結構ですよ。

階段を上るのに比べると、下りるのはラクにできます。エネルギー消費はあまり多くはなく、有酸素運動としての効果はさほどありません。

ところが、**実は階段を下りる動作は、筋トレとしての効果がかなり高いのです。**

図21 「よいしょ！」で階段上り

着地の衝撃を筋肉で受け止めているからです。そのダメージで、筋肉に微細な損傷が起こりやすく、これが「筋肉痛」の原因となります。

実験で階段を上り続ける運動と下り続ける運動を比べると、翌日に強い筋肉痛を起こすのは階段を下り続けるほうです。

この筋肉痛を引き起こす刺激は、筋肉を成長させる有効な刺激の一つになります。トントンと速く下りると、筋肉よりも関節で着地の衝撃を受けることになり筋トレ効果が下がります。関節を痛めるリスクも上がります。**ややゆっくりと丁寧に下りましょう。しっかりと筋肉に負荷がかけられるので効果が上がります（図22）。**

階段は「2upオールdown」を合言葉に。上りは二つ上の階までは階段で。下りは常に階段を使うようにしてください。ちなみに3階は1階よりも二つ上です。三つ上ではありませんので2upの範囲内、階段で上がりましょう。

図22 ゆっくり丁寧に階段下り

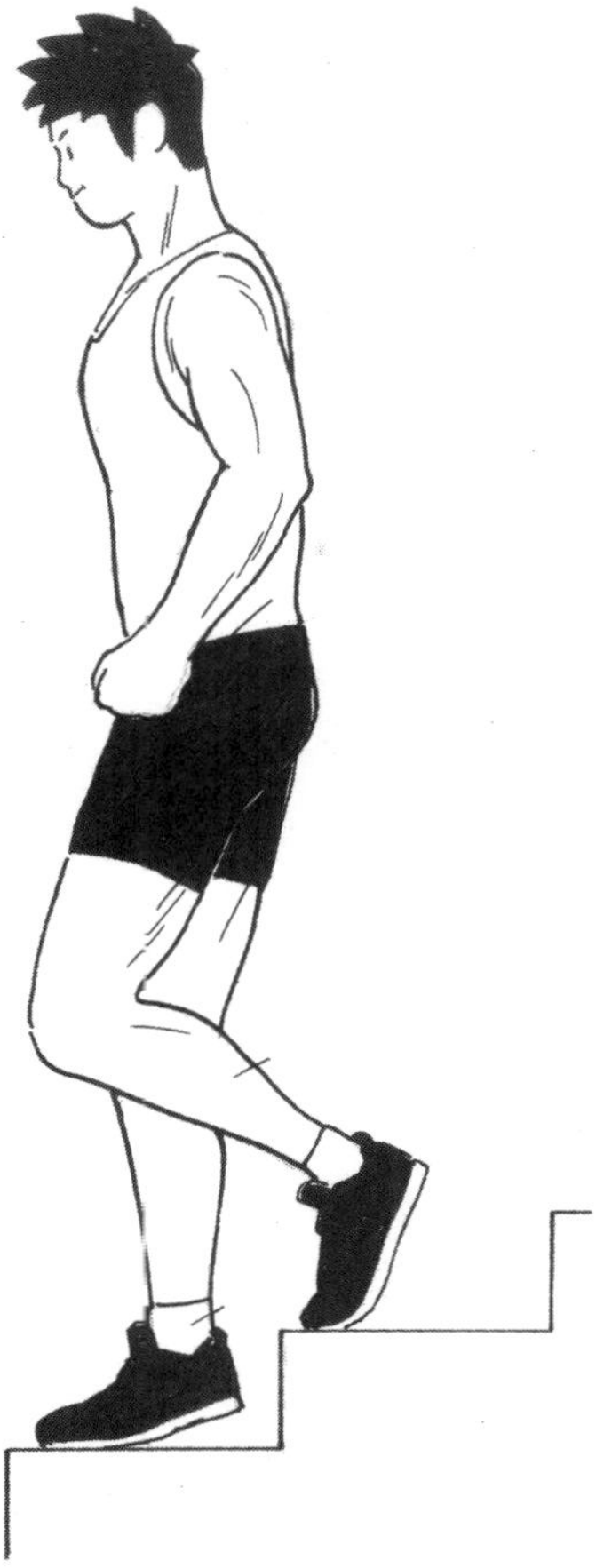

休日は公園に出かけてみよう

公園は実に楽しい場所です。トレーニングに使える遊具がたくさんあります。筋トレ好きにはたまらない楽園とも言えます。

自重トレーニングは、引く動作で鍛える広背筋などの背中の筋肉が鍛えにくい点がデメリットです。重力と姿勢の関係から引く動作に体重負荷をかけることが困難だからです。

本書で紹介したメニューにも背中を鍛える懸垂《けんすい》などの体重負荷をかけて引く種目を取り入れたかったのですが、自宅でとなるとなかなか難しい。どうしても背中のトレーニングのバリエーションは限られてしまいます。

でも、**公園に行けば、鉄棒をはじめぶら下がれるものが何かしらあります。懸垂のし放題です。**私もよく活用しています。懸垂だけでなく、腹筋のエクササイズもこれでできますしね。実は公園は意外と使える筋トレエリアなのです。いくつかの種目を紹介します**（図23・24・25）**。

図23 自力で下ろす懸垂

① 肩幅強ほどの手幅で鉄棒などを握る。握り方には色々なバリエーションがあるが、まずは順手で握る
② 地面を蹴って跳び上がり、胸を鉄棒に近づける。そこから重量に耐えながら、ゆっくりと戻していく

懸垂は、なかなか難度の高い筋トレ種目ですが、背中の筋トレには最適。10回以上上げられる筋力がなければ、「自力で下ろすだけ」でも効果がある。じっくり丁寧に10回行う。強くなったら徐々に跳ぶのをゆるくしていく。最終的には普通に懸垂ができるところを目指そう

図24 ハンギングレッグレイズ

① 肩幅程度の手幅で鉄棒などにぶら下がる
② 膝を伸ばしたまま、両脚を上げられるところまで上げていく。1秒上げ、2秒下ろしくらいのスピードで丁寧に。上がらなければ膝を曲げて行ってもいい。10～20回を目安に

図25 ブルガリアンスクワット

① ベンチなどの前に立ち、片脚を引いてベンチに置く
② 太ももに胸がつくまでしっかりと深くしゃがんで立つ
キツければ、手で膝を押して補助してもいい

体幹コア体操実践編

胴体部分の体幹は、24個の椎骨《ついこつ》と骨盤で骨格が構成されています。普段からあまり体を動かさない人は、体幹の背骨の動きが悪くなりがちです。デスクワーク中心の生活では、前に曲がった猫背の形で固まってしまっている人が多くいます。**背骨の関節は動かさないでいると、関節をつなぐ靭帯が固まってしまい動きがとても悪くなります**。そして背骨の動きが悪くなると、周辺の筋肉も凝り固まり、ますます動きが悪くなっていきます。痛みの原因にもなります。

手先や足先と異なり、背骨の動きは目では確認しづらいものです。しっかりと丁寧に大きく動かしてほぐしてあげましょう。おすすめは、第3章でも紹介したラジオ体操です。

ラジオ体操には、体幹を中心とした体のコアをなす部分から全身を大きく動かすものが多くあります。本書では、「前屈と後屈」「横に曲げる側屈」「左右に捻る回旋」の3種目をおすすめします。普通に行うだけでもいいのですが、少し動きが速くて一つずつの動きを丁寧にしっかり行いにくいのが難点です。

ポイントとなる部分の動きを一つひとつ意識してゆっくり丁寧に行うことで、かなり効果が変わってきます。

例えば、おなじみの前・後屈。この動作をゆっくり丁寧にしっかりと行えば、体がかなり軽やかに感じられるはずです。片道4秒、往復8秒ほどかけてゆっくりと丁寧に行います。3往復ほど行えばかなりすっきりします。

前屈も後屈も「首→体幹→股関節」の順に一つずつ丁寧にしっかりと動かします。手の動きも重要で、大きく腕を前に出して前屈することで肩甲骨が左右に開き、肩が大きく前に出ます。また、腰に手を当てて後屈することで肩甲骨が中央に寄って肩が後方に引かれます。

ここで紹介する3種目は背骨の動きを中心に腕の根元にある肩甲骨、脚の付け根である股関節も丁寧に大きく動かします。つまり、体の中心のコアの部分をしっかり大きく動かしていくのです。

体幹を中心にコアの部分をほぐして動きを改善することで、全身の動きもよくなります。3種目全部合わせて1分半ほどですが、ずいぶんとすっきり体が軽くなる感じが得られるはずです。

快適で動きやすい体にするために、ぜひ始めてください（図26・27・28・29）。

また、肩こりなど疲れの溜まりやすい僧帽筋のストレッチも2種目紹介しておきます。首の後ろから背中にかけて「僧帽筋」という比較的大きな筋肉があります。この僧帽筋は上部・中部・下部の三つのパーツから構成されます。上部は頭部を後ろから支える働きがあり、肩凝りの起こる筋肉として知られています。肩凝りを解消するには、上部を中心に僧帽筋全体をしっかりと伸ばしておく必要があります。猫背の前かがみの姿勢では、引っ張られて疲労がたまりやすい部位です。じっくり伸ばしてほぐしておきましょう（図30・31）。

図26 前屈

① 首を前に曲げて下を向く
② 背中を丸めておへそをのぞき込む
③ 股関節も曲げて全身で前屈
④ 元の姿勢に戻る

各1秒・計4秒でゆっくり丁寧に

図27 後屈

① 首を後ろに曲げて上を向く
② 腰に手を当てて背中を反らす
③ 股関節も使って全身で後屈
④ 元の姿勢に戻る

各1秒・計4秒でゆっくり丁寧に

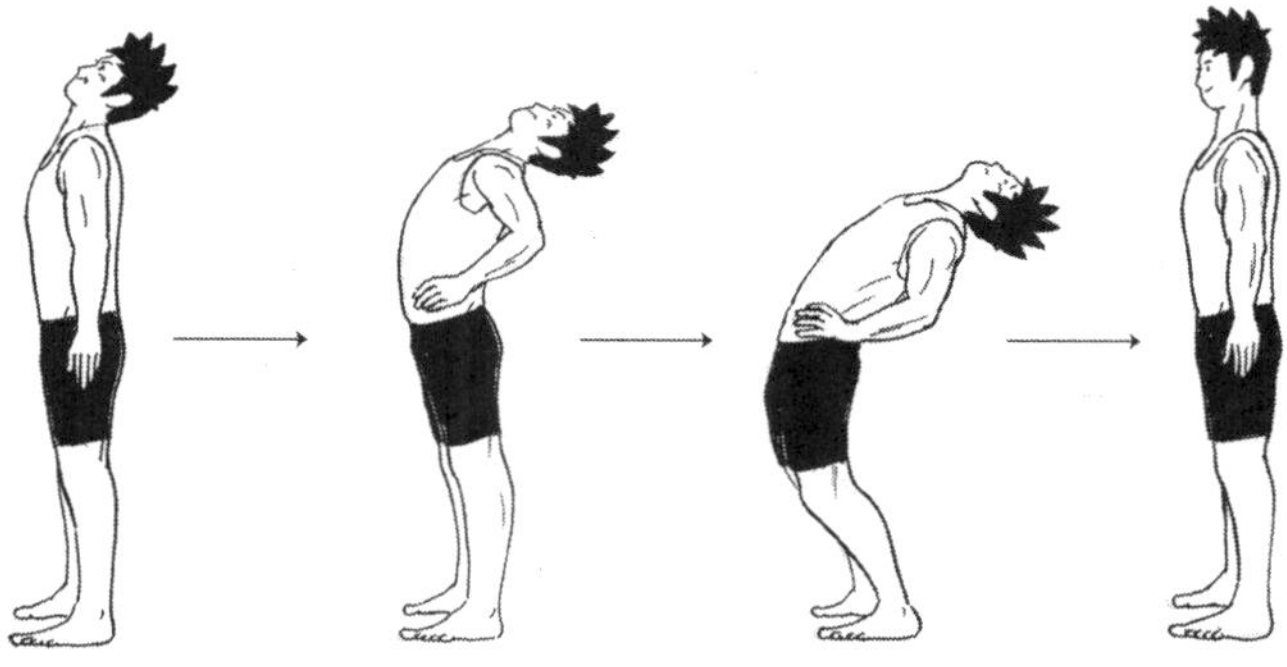

図28 側屈

① 首を横に曲げる
② 腰に手を当てて背中を横に曲げ
③ 股関節も曲げて全身で側屈
④ 元の姿勢に戻る

各1秒・計4秒でゆっくり丁寧に。反対側も同様に行う

図29 回旋

① 首を捻って後ろを向く
② 腕を振って上体を捻る。このとき骨盤は正面
③ 骨盤も回して全身で回旋。このときかかとを浮かさずにベタ足で
④ 元の体勢に戻る

各1秒・計4秒でゆっくり丁寧に。反対側も同様に行う

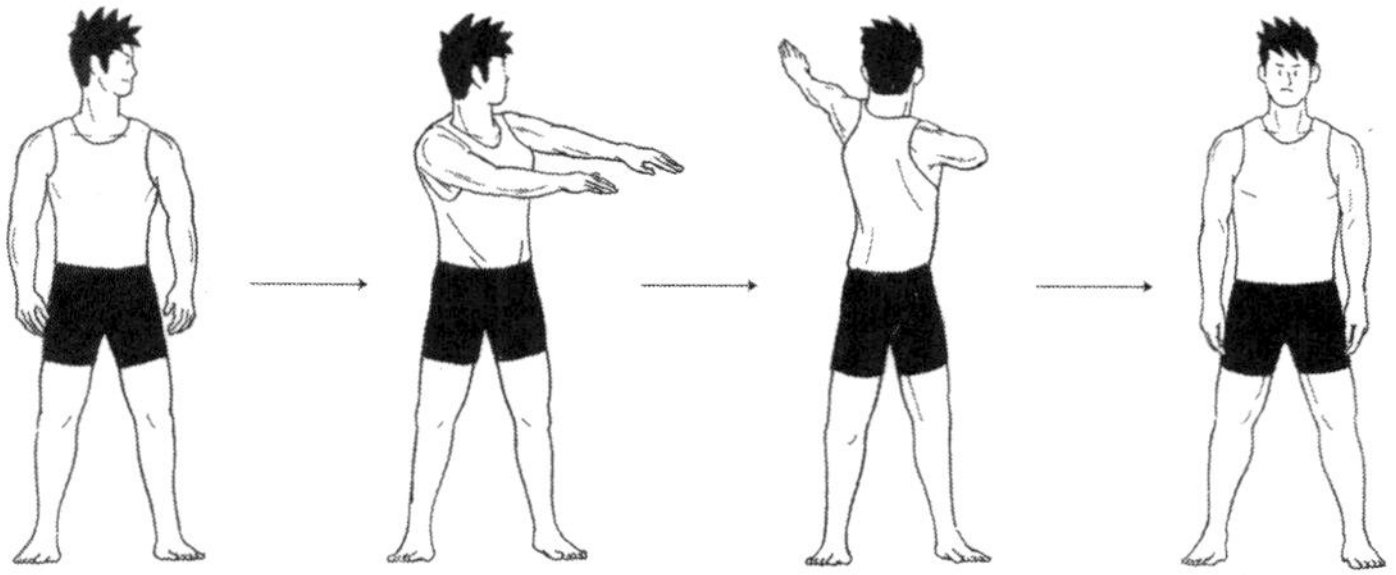

図30 僧帽筋上部のストレッチ

イスに座り、足首に手をかけて背すじを伸ばして肩を下方に下げます。続いて、反対側の手で首を斜め前に倒して静止する。反対側も同様に行う。10 〜 20秒静止

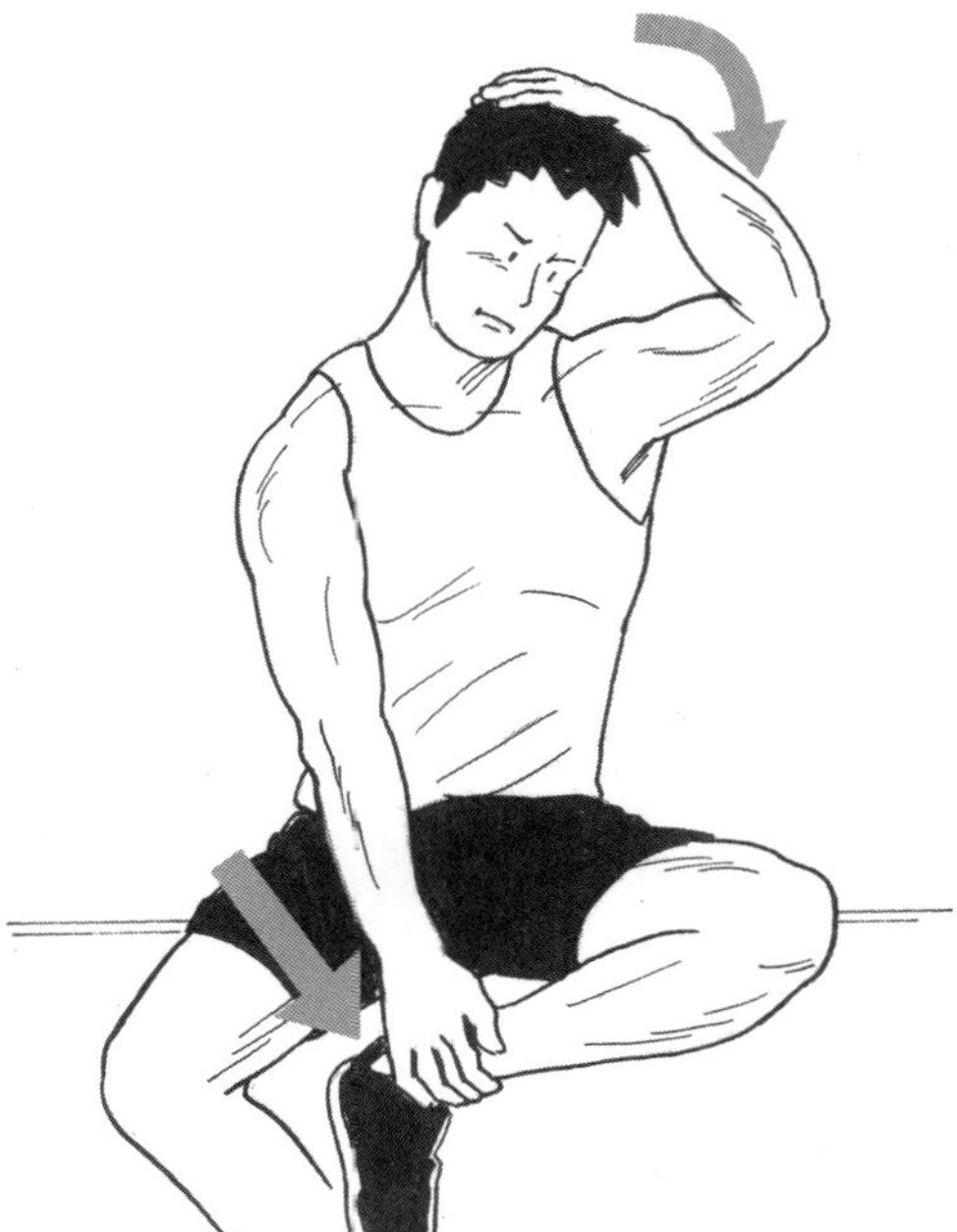

図31 僧帽筋中・下部のストレッチ

イスに座り、股割りの姿勢で両手を両膝に置く。上体を捻りながら手で膝の内側を押し、肩を前に押し出して静止。背すじは伸ばさず、背中は丸めて。反対側も同様に行う。10 ～ 20秒静止

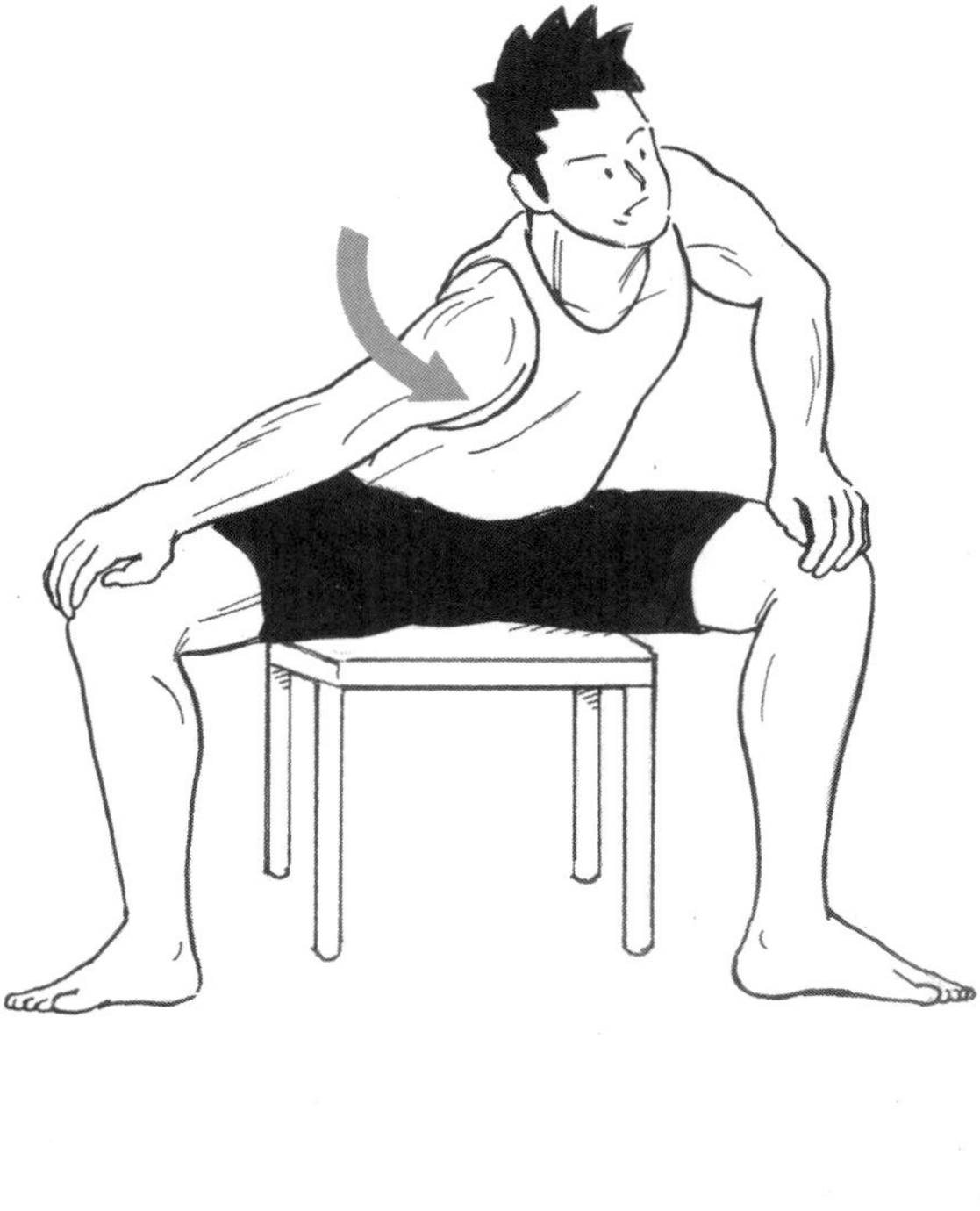

コラム 5

蔑《さげす》むほうが恥ずかしい？ 街中筋トレ

これは実際に私が見た、とある光景の話です。60代と思われる男性が、踏み切り待ちをしている時間を利用して、上体を捻りながら左右のもも上げ運動を熱心に行っていました。いわば、腹筋などを鍛える「プチ筋トレ」といったところでしょうか。

このような大胆な動きを伴う運動は、街中で行うのが恥ずかしくてなかなか実行に移しにくいものです。しかし、この男性にとってはそれを「恥ずかしい」と思うことより、「自分の体にポジティブな行動をとるほうが大事」ということなのでしょう。

ちょっとカッコいい考えですよね。街中でもも上げをする人を見て、「恥ずかしいのによくできるな」と思うことのほうが、実は恥ずかしいことなのかもしれませんよ。

定年が70歳にもなろうかというこれから、定年になる歳までは「体力が落ちたから」「病気で大変だから」などと言っていられなくなります。いくつになっても健康で元気な体にならなくてはいけません。

当然ですがメタボだ、ロコモだなどと言っていられないわけです。バリバリと60代が働く、という風景が当たり前になっていきます。元気に働くために、自分の体力、健康に対してより気を使うようにもなるでしょう。そしてそれは充実したシニアライフにもつながります。

「常に体のことを考える」思想が社会的に定着して、この男性のように**街中でも堂々と、当たり前のように筋トレや体操を行う時代がくる**かもしれません。少し前までは大きく腕を振って歩くウォーキングだって、「恥ずかしい」と躊躇《ちゅうちょ》する人がたくさんいたじゃないですか。元気で若々しい肉体は何ものにも代えがたい財産です。そして、その財産は自分の責任でつくり出すものなのです。

第5章

筋トレと食事

食べたもので
できている
我々の体

当たり前の話ですが、私たちの体は食べたものでできています。**カッコよく、健康的な体をつくるうえで、食事は運動と同じくらいに重要な要素**です。

体の状態は毎日の食事の積み重ねの結果です。お腹が出ているのも、血中の脂質や肝機能指標の値がよくないのも、そうなるような食事を続けてきたからです。

では、**どんなものを食べればいいのか。また、摂るタイミングも重要**です。

食べ物は動物、植物の体でできています。つまり、ありがたい命をいただいているということ。その命を粗末にすることなく上手に摂っていきましょう。

動植物の体、つまり食べ物は水以外はほぼタンパク質、脂質、糖質の三つでできています。この三つを三大栄養素と言います。英語の頭文字をそれぞれとって**PFC**と言います。

ＰＦＣの上手な摂り方について、次に見ていきましょう。

食事の三大栄養素の基本は高タンパク・中糖質・良脂質

【高タンパク】

まずボディメイクで重視すべきはタンパク質（Protein）です。筋肉だけでなく胃腸などの臓器、免疫の働きをする白血球など、体のほぼすべての成分は水とタンパク質でできています。

タンパク質が筋肉の材料になることはよく知られていますが、それだけではなく、**筋肉合成反応のスイッチをONにする作用**もあります。その主な働きをするのがロイシンというアミノ酸です。

1食につき2〜3g程度のロイシンが含まれていれば筋肉合成を十分に進めることができます。そのために必要なタンパク質量は20〜30gになります。**「タンパク質は1食20g以上」**と覚えておきましょう。

この量は、主菜で肉、魚1人前を食べていればクリアできます。ただ、食の細い人や、普段から肉や魚などをあまり食べない人は注意が必要です。

昼・夕食では大抵の人は20g以上のタンパク質を摂れていますが、朝食では摂れていない場合がほとんどです。朝食は食パン1枚とコーヒーだけという人が多く、中には「食べない」という人もいます。**朝ごはんでしっかりと主菜のおかずでタンパク質を摂りましょう**。朝からガッツリとは食べにくい、という場合は卵が食べやすくておすすめです。調理の手間もあまりかかりません。

1個で7〜8g、2個で約15gのタンパク質が摂れます。なお、卵で血中のコレステロールが上がることはほとんどありません。1日に2〜3個食べても大丈夫です。

水切りで一般的なヨーグルトよりもタンパク質の量が3倍になったギリシャヨーグルトもおすすめです。100gの小さな1パックで約10gものタンパク質が摂れます。

また、昼食と夕食の間は時間が空くので、ここでも1回筋肉の合成反応を促したいところです。**間食のおやつでもタンパク質を摂りましょう**。20gは難しくても、10gくらいは摂っておきたいところです。

ここでもギリシャヨーグルトは役立ちます。おやつに食べやすい長いスティックタイプのカニカマなどもおすすめです。タンパク質を10〜15g摂れるプロテインドリンクやおやつ用のプロテインバーなどもコンビニに売っていますので活用しましょう。

「朝食と間食でしっかりタンパク質！」はデキる男の常識です。なお、一度にまとめてタンパク質をたくさん摂っても筋肉の合成に回しきれません。数回に分けて摂ることが大事です。

【中糖質（低GI）】

糖質（Carbohydrate）は**エネルギー反応の最上流にある栄養素で、人体にとって主要なエネルギー源**となります。近年は糖質がまるで毒かのように扱われることもありますが、そもそも糖質がなければ元気に活動することができません。米、パン、麺、イモなど、世界のほとんどの食文化の主食が糖質であるのには理由があります。

ただし、余剰なエネルギー源の摂取は太る元ですし、血糖が急激に上がることは様々な問題を生じます。高血糖には細胞障害性があるからです。糖質の摂りすぎは確かによくありません。

そこで、ここでは**「中糖質」を推奨**します。摂りすぎは問題ですが、不足すると力を出せません。筋トレをみっちり集中して行うにも、バリバリ仕事で活躍するにもある程度の糖質は必須です。

ごはんの大盛りやおかわりをするのは摂りすぎですが、毎食軽く一膳くらいは摂らなければいけません。活動的に動く前の朝、昼はある程度しっかりと、夜は少な目くらいがいいでしょう。

なお、**糖質は筋肉にも大きく関係します。タンパク質を糖質と一緒に摂取することで筋肉を効率よく成長させることができます。**食後の筋肉の合成反応が、タンパク質だけを摂った場合の約2倍に増大したという研究報告もあります。

また、**糖質が不足した状態が続くと、筋肉の分解が進みます。**筋肉のタンパク質を分解して糖質をつくろうとするのです。下手に糖質を制限すると筋肉を失うことになってしまいます。

このように、ある程度はしっかり摂るべき糖質ですが、一方で、吸収の早い糖質を大量に摂ると血糖値が急激に上がり、これが問題となります。動脈硬化や肥満につながるのです。

高濃度の血糖は糖化作用による細胞障害性があります。これが血管を障害すると動脈硬化を進めます。上がりすぎた血糖はすぐに下げなければいけませんが、行き場がなければ脂肪組織に取り込まれて脂肪の合成に回ることになります。

そこで考えたいのがＧＩ値。これは糖質の吸収速度を表した数値です。血管にやさしく、太らずに、効率よく筋肉を成長させるには、この**ＧＩ値を低く抑えること**がポイントになります。

お米を炊くときに混ぜる麦やこんにゃくマンナンなどがスーパーに売っているので活用しましょう。ＧＩ値がぐんと下がります。コンビニでも麦入りのおにぎりなどが売られています。パンは精製度の高い白いパンよりも、茶色い全粒粉入りのパンを選びます。麺類ならそばがかなり低ＧＩです（**図32**）。

食事の際に野菜から食べるのも効果的です。水溶性の食物繊維が糖質の吸収を邪魔して血糖値の上昇を穏やかにするからです。サツマイモが低ＧＩなのは繊維が多

図32 GI値一覧

食品	GI値
食パン	95
フランスパン	95
精白米	88
もち	85
うどん	85
そうめん	80
コーンフレーク	75
胚芽精米	70
パスタ	65
おかゆ(精白米)	57
玄米	55
そば	54
中華麺	50
全粒粉パン	50
パスタ(全粒粉)	50
おかゆ(玄米)	47

出典:株式会社サルーテHP(https://www.salute.tokyo/)

※GI値は出展により値に多少の差があります

いからです（おならが出ますけどね）。

ボディビルダーなどはグラノーラを低ＧＩにしたミューズリーや、玄米ベースのライスケーキなどを活用することがあります。が、これはまだ輸入品のネット販売が中心で日本ではあまり流通していません。こだわる人は試してもいいかもしれません。手軽に摂れて便利ですよ。

【良脂質】

脂質（Ｆａｔ）も、**体づくりでは敵視されがちですが、もちろん人間にとって必要な栄養素**。摂りすぎはダメですが、まったく摂らないわけにはいきません。

脂ののった肉汁溢れるステーキ、生クリームたっぷりのケーキなど、高脂質食品が太りやすいことは、経験的にも学術的にも明確です。注意すべきは量を抑えることともありますが、**質のよい脂質を選ぶこと**。**同じ脂質でも、種類によって体に与える作用がかなり違います**。肥満や健康効果に大きな違いがあるのです。

食事に含まれる脂質の大半は中性脂肪（トリグリセリド＝ＴＧ）です。中性脂肪の大半は脂肪酸で構成されますので、食事の脂質は大半が脂肪酸ということになります。脂肪酸は、炭素の二重結合のない飽和脂肪酸と、二重結合が一つだけある一価不飽和脂肪酸、二つ以上ある多価不飽和脂肪酸の三つに大別できます。

肉類や乳製品に多い飽和脂肪酸は、エネルギーとして使われにくく、体脂肪の蓄積を促します。悪玉コレステロールと言われるＬＤＬを増やして動脈硬化を進める作用もあります。

対して魚や亜麻仁《あまにゆ》油、クルミなどには、オメガ３と呼ばれる多価不飽和脂肪酸が多く含まれます。魚のＥＰＡ（イコサペンタエン酸）、ＤＨＡ（ドコサヘキサエン酸）が有名ですよね。ＥＰＡ、ＤＨＡが体にいいというのは聞かれたことがあると思います。

オメガ３系の脂肪酸は、**脂肪燃焼を促し、悪玉とされるＬＤＬを減らす作用**があります。また、**筋肉の合成反応を促す作用（！）**もあります。脂肪を燃やして筋肉をつける脂と言えるのです。

また、認知症予防にも効果があることがわかっています。ＬＤＬ低下による脳血管の状態改善だけでなく、アルツハイマー型認知症の原因となる老人斑（アミロイド

という タンパク質の蓄積)の形成予防にも効果的だということがわかっています。魚を週3回以上食べる習慣がある人は、認知症のリスクが半分になるという研究もあります。

肉より魚が体にいいと昔から言われますが、ボディメイクにも正解です。中年になってちょうど「肉より魚」という嗜好になってきたのではありませんか? それなら魚を積極的に選んでください。

ただし、マグロなどの生態系上位の大きな魚は水銀などの毒素の蓄積が多めですのでほどほどに。週2回程度までが推奨されます。

乳製品や肉類に多い飽和脂肪酸よりも、オメガ3系の食品を摂るように心がけてください。前者は脂身の多い肉類や洋菓子など高脂質なものが多いです。後者を優先すれば質の改善と同時に量も適量に抑えやすくなります。

なお、乳製品は他の食品を圧倒するほど飽和脂肪酸の多い食品です。牛乳、ヨーグルトなどは無脂肪か低脂肪を選んでください。

図33 1日の食事のPFCバランスの目安

	朝	昼	間食	夜
タンパク質	中	中	少－中	大
脂質	中	中	—	少
糖質	中	中	少	少
1食の総カロリー	3	3	1	2

朝はしっかり、間食もしっかりとって、夕食は量を抑えよう

以上、ＰＦＣの摂り方について述べてきました。ここに推奨したい1日の食事のＰＦＣバランスを表にまとめてみました。この表を参考にメニューを見直してください**（図33）**。

1日の活動が始まる朝は主食のおかずも含めてしっかり食べるようにします。活動が減る前の夕食は量を抑えて。主要なエネルギー源となる糖質を抑えつつ、タンパク質はしっかり摂るようにしましょう。

ゆっくり
味わって食べる

太っている人の食事風景を見ると、よく噛まずに早食いをする人が多いという印象があるのではないでしょうか。実際、食べる速さと体重の間には比例関係が見られるという研究報告があります。

中年男性の場合で数字を見ると、かなりゆっくり食べる人の平均ＢＭＩは22（１７０㎝の身長なら63・6㎏）。それに対し、かなり速く食べる人のＢＭＩは25（１７０㎝の身長で72・3㎏）。その差は身長１７０㎝の場合で計算して約９㎏もあります。また、20歳時点と中年期とを比べての体重増加量も食べる速さと比例しており、**早食いの人ほど太っていること、太ってしまうことがわかります（図34）**。

この原因として、早食いの人は満腹感に気づく前に食べすぎてしまうことが関係しているとされます。満腹を感じるときにはすでに食べすぎてしまっているのです。目標は腹8分目ですが、ゆっくり味わえば満腹中枢が感知する時間がとれますので、過度な食欲を抑えることができます。無理に腹8分目で止めなくてもゆっくり食べることで食欲は満たされやすくなるのです。

そのためにも、食卓に食事を盛りつけるときに少なめにしましょう。目の前にあ

図34 食べる速さとBMIの関係

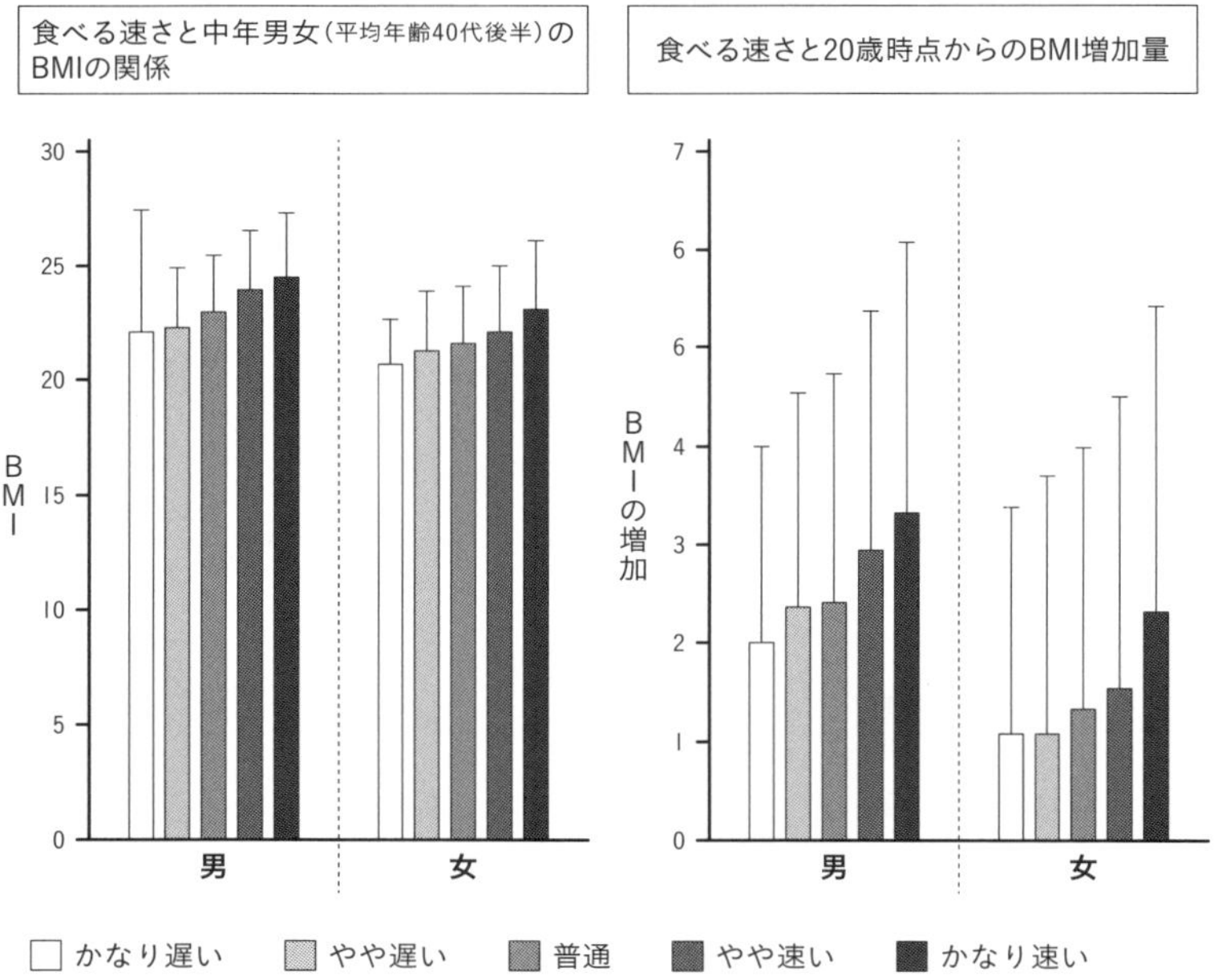

注）BMI＝体重（kg）÷身長（m）×身長（m）
注）T部分は標準偏差

出典：「Ohtsukaら、2006」より一部改

るものは食べきってしまうものです。そして、**並べられたものをゆっくり味わって食べます。**

食べ終えたら一度箸を置きます。箸を置いて一息ついた頃には満腹中枢が十分食べたということに気づき、お腹が満たされているはずです。

せっかくのおいしい料理を、早々と食べてしまってはもったいないですしね。好きな食べ物こそよく噛んでゆっくりと味わうようにしましょう。生きているあいだの食事の回数は限られています。毎回の食事をしっかり楽しみたいものです。

欲しくないなら食べない

特に空腹感を感じていないのに、何となく食べるお菓子類などは肥満の大敵です。買い置きしていたお菓子などもかなり危険です。手元にあると、それほど欲しくなくてもつい手が伸びてしまいますから。

体が食事から取り込んだエネルギー源、例えば糖質は筋肉と肝臓にグリコーゲンという形で主に貯蔵されます。その貯蔵容量は1500~2000キロカロリー程度とあまり大きくありません。そして、空腹でないときはほぼ満量になっています。つまり**空腹でないときに食べたものは行き場がないため、そのほとんどが脂肪細胞に取り込まれ、体脂肪となる**わけです。

そして、甘い菓子類は体脂肪蓄積をさらに助長します。血糖を急激に上昇させ、それを下げるインスリンの働きで脂肪細胞への取り込みが促されます。洋菓子などは飽和脂肪酸を多く含みますが、高飽和脂肪酸食品は脂質代謝を下げ、より体脂肪の蓄積を促すという特徴もあります。

また、外食で出てきたものを、そんなに欲しくないのに食べきろうとするのもよくありません。食べ物を捨てるのはとてももったいないことですが、「お腹のなかに捨てる」よりはましです。私はお腹にもゴミ箱にも捨てたくないので、**外食時はプラスチック容器を持参**しています。

なお、空腹でないときのなんとなくの間食はダメですが、空腹時はむしろ食べるべきです。1日3食にこだわる必要はありません。

空腹を感じるというのは、エネルギー貯蔵庫に空きがあるというサインです。私たちの体は飢餓を感じると、エネルギーストックの脂肪を残し、エネルギーを消費する筋肉を落とそうという反応をします。つまり、空腹になりすぎると、体は脂肪ため込みモード&筋肉分解モード！　になってしまうのです。

ですから**空腹時には軽く間食を摂ってください**。その際にはタンパク質をしっかり摂りましょう。

外食は肥満の元ではない

一般に「外食は体に悪い」「外食は肥満のもと」といったイメージがあるようです。お店やメニューによっては保存が利くように食塩を多く使っていたり、調理の手間がかからないように揚げ物が多かったりするのは確かです。

しかし、問題なのは外食自体ではなく、「選び方」にあります。外食ならお店もメニューも豊富。その豊富な選択肢のなかから自分で好きに選べます。要は自分次第。揚げ物は好きだけど野菜は嫌い、といった不健康な嗜好のある人にとっては、外食はどこまでも不健康な食事になるわけです。

言い換えれば、自由に選択ができる外食は、健康な嗜好を持ちさえすれば、**自宅で調理する以上にヘルシーな食事**にもなりえます。家でつくる食事で30品目を満たすのは大変ですが、外食なら容易です。店やメニュー選びに気を使えば、外食はむしろ体によいものに変わります。

最近はカロリーやPFCの量、塩分の含有量を示している店も多いので、選ぶときの手助けになります。

無理なく実践！
食事を守る

食事は毎日のことですから、「無理なく習慣として実行できる」ことがやはり大切です。有用な知識とちょっとした工夫があれば、辛い我慢をしなくても、カッコよく健康的な体はつくれます。

食べたいものを気兼ねせず、おいしく食べられることは精神衛生上、好ましいこと。食事を「制限する」と考えては苦痛になります。

「制限する」のではなくできる範囲で「ルールを守る」と考えましょう。ここまでに述べた食事のポイントを「七つのルール」として次にまとめました。

すべて守ることが理想ですが、そのことで窮屈な食生活、窮屈な人生にはしたくありません。自分にとって特に重要そうなものから、もしくは簡単に守れそうなものから取り組むようにしてください。そして、守るべきルールを一つずつ、できる範囲で増やしていってください。

慣れてくれば、だんだんと「無意識のうちに」できるようになってくるはずです。その食べ方が「習慣になる」ことが大事なんです。

そして習慣が食べ物に対する感覚を変えます。高タンパク、低ＧＩ、よい脂質を欲しがり、大きな生クリームのケーキを出されると苦痛に感じるようになります（もちろん多少は楽しんで食べるべきですが）。

食事のポイント　「七つのルール」

①朝はしっかり、夜は控えめ
②朝ごはんと間食でタンパク質をしっかり摂る
③糖質は適度に、低ＧＩを意識する
④できるだけ肉より魚を選ぶ
⑤ゆっくり味わって食べる
⑥欲しくないのに食べない、買い置きは危険
⑦外食は意識高く選ぶ

コラム 6

ラーメンの唯一の欠点

体に悪い、太る食べものの代表のように思われているラーメン。実はラーメンは低脂質で、しかも中華麺は低GIでさらには高タンパク。具材次第では、むしろ体づくりにも健康づくりにも優秀と言えます。意識の高いデキる男が選んでもおかしくない食品です。

日本食品標準成分表の値は、醤油ラーメンは脂質3・1g（タンパク質は20・6g）しかありません。脂質の推奨摂取量は1日60gほどですから、かなり低脂質です。またGI値も低めです。白米、食パン、うどんなどは90ほどもありますが、中華麺、パスタ、そばなどは50〜60程度と好成績です。

チャーシュー麺ならさらに高タンパクです。種類によりますが、チャーシューは比較的低脂質で安心して食べられるタンパク源です。チャーシュー麺1杯でタンパク質は約30g、脂質は約8gに抑えられます。糖質は75gと適度に摂れ、1食の食事としてのバランスに優れています。

トッピングとしては、筋肉の合成反応を高めてくれるビタミンDが豊富なタマゴやシイタケがおすすめです。また、ビタミン、ミネラルを多く含むチンゲン菜など色の濃い野菜も入れるとよいでしょう。

しかし、ラーメンには一つだけ大きな欠点があります。それは、1食あたり約15gと塩分がとてもとても多いということ。これは1日の摂取上限の約2倍もの量になります。スープを飲み干したら、完全な塩分過多です。

私が普段行っているのは、丼からすくった麺を一度別のお椀に取って食べる「小椀食べ」という方法。「小椀食べ」ならスープが落ちて量が減りますが、舌に触れる部分の濃さは同じなのでおいしさはそれほど変わりません。塩分だけを上手にカットすることができます。

藤子・F・不二雄さんの漫画に、常にラーメンを食べている「小池さん」っていますよね。この小池さん、『ウルトラ・スーパー・デラックスマン』(早川書房)という作品の中で不死身の男になるのですが、正義の味方になったつもりが、だんだんと横暴が過ぎるようになり、最終的に国家を敵に回してしまいます。しかし、不死身なので銃撃されても平気。核ミサイルを落とされてもケロリとしています。

ストーリーの最後、不死身の小池さんはついにある病気で亡くなります。その病気は「胃がん」。ラーメンの高塩分がたたったのでしょう。ラーメンを食べるときは、ぜひ「小椀食べ」を実践してください。ラーメンの塩分の破壊力は核ミサイルより恐ろしいのですから。

コラム 7

ゼロカロリーを上手に使う

ゼロカロリーのゼリーやコーラが売られていますが、これらは本当にほぼカロリーがありません（お笑いタレントのサンドウィッチマン伊達ちゃんの言うゼロカロリーはカロリーがありますが）。超微量で強い甘味を持つスクラロースなどの人口甘味料を使っているからです。便利な食べ物があったものです。

ただし、利用には注意が必要だという研究報告がいくつかあります。ゼロカロリーということに甘えて食事が不摂生になるという心理的な側面もありますが、生理的な影響も人体に及ぼすようです。

ゼロカロリー甘味料に体が反応し、上がってもない血糖値を下げて空腹になったり、甘味を感じたのに血糖値が上がらず、体が混乱を起こしたり。ですから、あまり乱用せずに、時々利用するくらいの「適度な活用」がいいでしょう。

おわりに「人は変われる！　体つきも生き方も」

体が変われば心も変わる

筋トレをしっかりやって、食事内容を変えれば、体つきは確実に変わります。そして、体が変われば気持ちも変わります。自信がついて、アグレッシブにもなれるというだけではありません。気持ちに余裕ができて、人にやさしくもできるでしょう。強くなれば、やさしくなれるのです。筋トレに取り組む前向きのマインドは、仕事やプライベートなど色々なことで取り組む気持ちを前向きにしてくれます。生き方が変わるのです。

「人は変われる」は私の座右の銘でもありますが、筋トレは体つきという目に見えてわかりやすい変化が得られます。変われた自分がわかるのがいいですよね。私の場合は、気が短くてすぐにイライラしてしまうところがあり、それが自分ではすごく嫌いです。でも、改善したいと思っていますし、多少改善もできています。筋トレで体つきが変わるように、人も変われると信じているからです。

顔は変えられないけど体は変えられる？

「顔は変えられないけど、体は変えられる」とよく言われます。でも、そんなことはないと思います。顔だって変えられるからです。

確かに顔のつくりはガラリとは変わりませんが、顔つきは変わります。真剣に物事に取り組んでいれば精悍《せいかん》な顔立ちに、心穏やかに過ごしていれば柔和な顔立ちになります。逆にひねくれて斜《しゃ》に構えていれば、そんな顔立ちになります。ぼやいている人の口は、実際に曲がってきますよね。米国大統領であったリンカーンは、「40歳を過ぎたら自分の顔に責任を持て」という言葉を残しました。

筋トレで体を変えて、人も変われたら、顔だって変えられるんです。毎朝鏡を見て、自分がなりたい顔立ちになっているか、活き活きと積極的でありたい人はキリっと精悍な顔つきに、心穏やかでいたい人は柔和な顔になれているか、確認してみてください。本書が皆様の「変われる」のお役に立てればと思います。

２０１９年４月　谷本道哉

◆著者紹介◆

谷本道哉（たにもと・みちや）

近畿大学生物理工学部人間環境デザイン工学科准教授
公益財団法人日本オリンピック委員会医科学スタッフ
公益社団法人日本ボディビル・フィットネス連盟医科学委員
1972年静岡県生まれ。大阪大学工学部卒。東京大学大学院総合文化研究科博士課程修了。博士（学術）。国立健康・栄養研究所特別研究員、順天堂大学博士研究員などを経て現職。専門は筋生理学、身体運動科学。『みんなで筋肉体操』（NHK）、『ホンマでっかTV』（フジテレビ）などで運動の効果をわかりやすく解説している。「筋肉は裏切らない」で2018年流行語大賞にノミネート。著書に『使える筋肉・使えない筋肉 アスリートのための筋力トレーニングバイブル』（ナツメ社）、『すごい筋肉貯金「ながら筋トレ」で死ぬまで歩ける筋肉を貯める方法』（宝島社）など多数。座右の銘は「人は変われる」。

世界のビジネスエリートの常識
人生を変える筋トレ

2019年5月24日　初版発行

著　者　谷本道哉
発行者　野村直克
発行所　総合法令出版株式会社
〒103-0001 東京都中央区日本橋小伝馬町15-18
ユニゾ小伝馬町ビル9階
電話　03-5623-5121
印刷・製本　中央精版印刷株式会社

落丁・乱丁本はお取替えいたします。

ISBN 978-4-86280-684-0
総合法令出版ホームページ　http://www.horei.com/